Les cahiers d'**exercices**

Anglais

Faux-débutants

Hélène Bauchart

À propos de ce cahier

Dans les différents chapitres de ce cahier, les leçons et exercices ont été répartis en trois sections indépendantes, auxquelles une couleur différente a été attribuée (jaune pour la grammaire, vert pour le vocabulaire et rose pour la prononciation).

Dans les exercices de prononciation, les sons apparaissent entre crochets. Pour plus de simplicité, ils n'ont pas été représentés par le biais de l'alphabet phonétique international, mais à l'aide d'une transcription littérale reposant sur des sonorités françaises les plus proches possible des sons anglais. Par exemple le mot **why** sera retranscrit **[waille]**.

Dans les chapitres 17 à 20, vous pourrez tester votre « feeling » et apprendre quelques règles sur un phénomène peu étudié mais primordial à l'oral : l'accentuation de mots.

Enfin, ce cahier vous permet d'effectuer votre autoévaluation : après chaque exercice, dessinez l'expression de vos icônes : 🙂 pour une majorité de bonnes réponses, 😐 pour environ la moitié et 🙁 pour moins de la moitié. À la fin de chaque chapitre, reportez le nombre d'icônes relatives à tous ces exercices et, en fin d'ouvrage, faites les comptes en reportant les icônes des fins de chapitres dans le tableau général, prévu à cet effet !

Sommaire

1

Autour du présent

Les deux formes du présent

En anglais, le présent peut s'exprimer à l'aide de deux formes différentes, dont la construction et les fonctions diffèrent selon le type d'action envisagé.

Présent simple

- Formation : base verbale à toutes les personnes (ex. : I play, you play, etc.), sauf à la 3e du singulier, qui prend la désinence **s** ou **es** (ex. : she/he plays / she/he washes)
- Utilisations :
  – vérité générale (ex. : the sun rises in the East)
  – habitude (ex. : I go to the cinema on Saturdays)
  – caractéristique qui dure (ex. : she lives in China)
  – volonté (ex. : I want an apple)
  – événement futur prévu par un emploi du temps (ex. : the train leaves at 8)

Présent en Be + ing

- Formation : **To be** (conjugué à la bonne personne) + base verbale + **ing**
- Utilisations :
  – action en déroulement (ex. : be quiet, the baby is sleeping!)
  – action temporaire (ex. : he is living with his brother ➜ ces temps-ci)
  – caractéristique temporaire (ex. : I am not dancing tonight)
  – jugement négatif (ex. : you are always complaining!)
  – insistance sur un refus (ex. : I am not coming with you!)
  – action future, si la décision est prise (ex. : I am going to the gym next week)

I Entourez la bonne réponse

1. Look Daddy, it ... !
   a. snowing **b.** snows
   c. 's snowing **d.** snow

2. The Earth ... around the Sun.
   a. is revolving **b.** revolve
   c. revolves **d.** revolving

3. I ... to the swimming pool every Saturday.
   a. 'm going **b.** go
   c. going **d.** I'm gone

4. His wife ... in advertising.
   a. 's working **b.** work
   c. works **d.** has working

5. I ... , I ... tonight.
a. don't drink/drive
b. 'm not drinking/'m driving
c. don't drink/'m driving
d. don't drink/drive

6. I ... next week, I'm on holiday.
a. 'm not working **b.** 'm not work
c. don't work **d.** work not

7. Just for fun: "Hey, this man ... ! Don't people usually ... ?" (Homer Simpson)
a. doesn't breathe/breathe
b. isn't breathing/breathe
c. breathes/breathing

2 **Conjuguez les verbes entre parenthèses en utilisant le présent simple ou le présent en Be + ing**

1. You .... **(always - smoke)** in the house!
You .... **(know)** I .... **(hate)** that!

2. Hurry up! The film .... **(begin)** at 9:30.

3. I usually .... **(go)** shopping twice a week.

4. Do not ask again! I .... **(not - give)** you any money!

5. Stop it John! You .... **(be)** silly!

Cas particuliers

L'emploi du présent en **Be + ing** est incompatible avec : les verbes d'aspect **(seem, look, appear...)**, les verbes de possession **(have, possess, own...)**, les verbes de perception **(see, hear, feel...)**, les verbes de raisonnement **(understand, believe, think, doubt...)**, les verbes d'appréciation et de volonté **(like, love, hope, hate, regret, need, want)**, autres **(swear, wish, promise, deny, confess, forgive, apologize)**.

À noter : le verbe **to think** a ceux constructions. **Au présent simple**, **to think of** exprime une opinion. Au présent en **Be + ing**, **to think about** exprime l'idée de réflexion.

3 **Remettez les éléments dans l'ordre et conjuguez les verbes en utilisant le présent simple ou le présent en Be + ing**

Ex. : on/football/Sundays/he/(play) → He plays football on Sundays.

1. about/you/what/**(think)**? → ....

2. he/mother/his/**(look like)** → ....

3. the/to/doctor's/to/I/go/**(need)** ➜ ....

4. what/this/book/you/of/**(think)**? ➜ ....

5. neighbours/a/car/new/the/**(have)** ➜ ....

La désinence s / es

La désinence **s** ou **es** au présent simple peut susciter des modifications orthographiques :

- dans les verbes se terminant par **y**, si le **y** est précédé d'une consonne, il se transforme en **ies** (ex. : try ➜ tries). Si le **y** est précédé d'une voyelle, aucune modification n'est nécessaire (ex. : play ➜ plays).
- dans les verbes se terminant en **ch**, **sh**, **o**, **s**, **x**, **z**, on ajoute la désinence **es** et non **s** (ex. : watch ➜ watches / go ➜ goes).

4 Conjuguez les verbes suivants au présent simple, à la 3e personne du singulier

1. worry ➜ ....
2. punish ➜ ....
3. finish ➜ ....
4. dress ➜ ....
5. destroy ➜ ....
6. buy ➜ ....

La désinence ing

L'ajout de la désinence **ing** au présent en **Be + ing** peut entraîner des modifications orthographiques :

- dans les verbes se terminant par **ie**, le **ie** se transforme en **y** (ex. : lie ➜ lying).
- dans les verbes se terminant par un **e**, celui-ci s'efface s'il est précédé d'une consonne (ex. : love ➜ loving). Même chose pour les verbes se terminant en **gue** (ex : intrigue ➜ intriguing).
- dans les verbes se terminant par **ic** ou **ac**, le **c** se transforme en **ck** (ex. : panic ➜ panicking).
- dans les verbes se terminant par une seule voyelle + une seule consonne (sauf le **w**), la consonne est doublée avant la désinence **ing** (ex. : stop ➜ stopping). Exceptions : **opening, developing, entering, profiting, suffering, offering**.

5 Ajoutez la désinence ing aux verbes suivants, en faisant les modifications orthographiques éventuelles

1. live ➜ ....
2. keep ➜ ....
3. wear ➜ ....
4. play ➜ ....
5. picnic ➜ ....
6. admit ➜ ....
7. suffer ➜ ....
8. draw ➜ ....
9. break ➜ ....

Traduire « bien » : good / well ?

Good

- Nature : c'est un adjectif. Il s'applique à un nom (ex. : I'm not a good dancer).
- Utilisation particulière : s'emploie avec des verbes d'état, de sensation **(feel, seem, be, become, appear, look, sound, taste, smell...)** dans le sens de « c'est/ça a l'air... ».

Well

- Nature : c'est un adverbe. Il s'applique à un verbe (ex. : I don't dance very well).
- Utilisation particulière : ne s'utilise comme adjectif que pour dire « en bonne santé ».

À noter : I feel good se généralise. Son emploi est très courant en anglais américain. Il existe par ailleurs une autre expression pour dire que l'on va bien : **I'm fine**.

6 Complétez par well ou good

1. Her husband is a very .... man.
2. She speaks Chinese very ....
3. Drink your milk, it's .... for you.
4. I usually sleep ....
5. It smells ...., what are you cooking?
6. All is .... that ends ....
   (proverbe qui signifie « tout est bien qui finit bien »).
7. So far so .... (expression qui signifie « jusqu'ici tout va bien »).

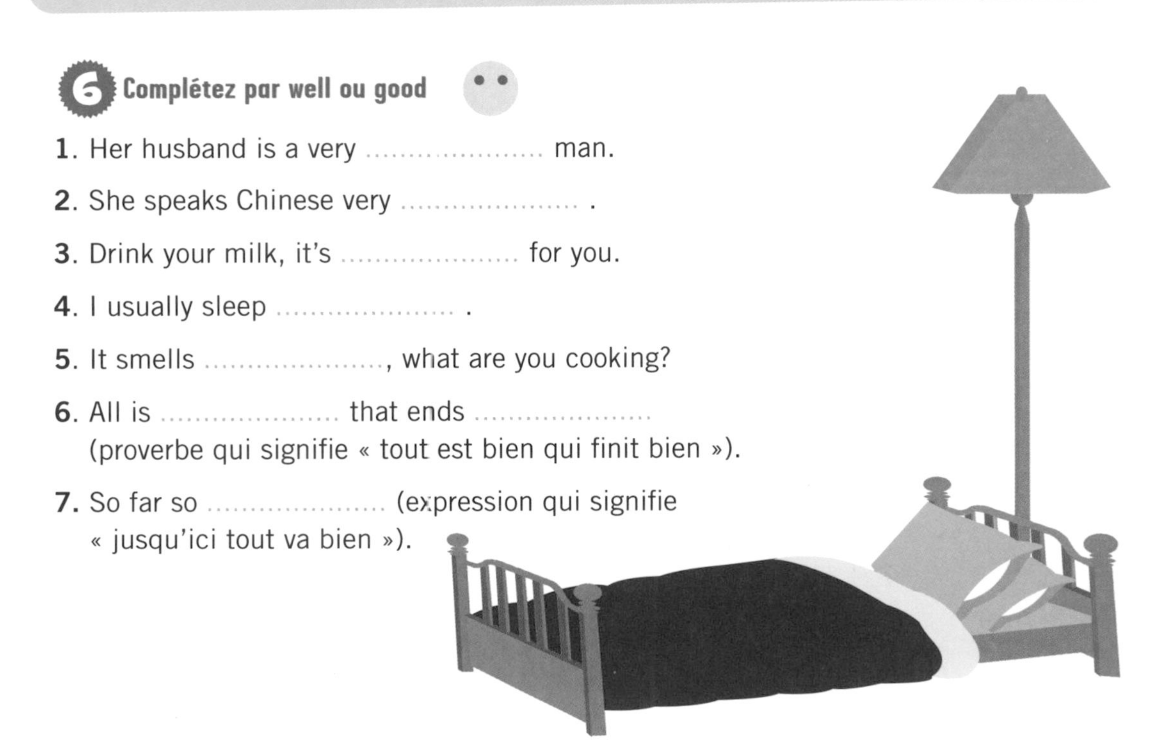

7 Faux amis ! Placez les mots suivants dans le tableau

Mots anglais : actually, to assume, to take/accept the consequences, a cave, luck, to comfort, to deceive, to disappoint, at the moment, fluently, to reinforce

Mots français : une grotte, le hasard, actuellement

	Mot anglais	Signification	Confondu avec le mot français...	... qui se dit en anglais
1.		en fait/en réalité	actuellement	
2.		supposer	assumer	
3.			une cave	a cellar
4.	chance		la chance	
5.		réconforter	conforter (idée)	
6.	currently		couramment (parler)	
7.		tromper	décevoir	

Proverbes

Les Anglo-Saxons utilisent beaucoup d'expressions imagées. La plus connue reste sans doute **it's raining cats and dogs**, qui signifie : il pleut des cordes. À vous d'en découvrir deux autres dans l'exercice ci-dessous.

8 Remettez les mots dans l'ordre ou trouvez les lettres manquantes afin de reconstituer un proverbe connu

1. as/cucumber/a/as/cool (indice : d'un calme olympien...)

→ ....

2. p _ _ s might f _ _ (indice : quand les poules auront des dents)

Prononciation de la désinence s / es (1)

Dans les verbes auxquels on ajoute **es**, on prononcera soit **[z]** (comme dans zoo, ex. : goes) ou **[iz]** (comme dans église, ex. : washes). On prononcera **[iz]** après les sons **[s]**, **[ch]**, **[tch]**, **[j]**, **[x]**, **[z]**, (ex. : passes, pushes, watches, ages, mixes, buzzes). Dans les verbes se terminant par **y**, si le **y** se prononce **[i]**, la désinence **es** se prononcera **[iz]** (ex. : carries). Si le **y** ne se prononce pas **[i]**, la désinence **s** se prononcera **[z]** (ex. : plays).

Prononciation de la désinence s / es (2)

La désinence peut aussi se prononcer **[s]** (comme dans salon). Le choix entre les sons **[z]** et le **[s]** est déterminé par le degré de facilité de prononciation. S'il est trop difficile de prononcer **[z]**, on prononcera **[s]**, en particulier après les sons **[p]**, **[t]**, **[k]**, **[f]** (ex. : plucks, puffs, pops, tips). On prononcera cependant **[z]** après les voyelles (ex. : lies, goes) et après les sons **[b]**, **[d]**, **[g]** (ex. : begs, feeds, throbs).

9 [iz], [z] ou [s] ? Reportez, entre les crochets, le son des verbes suivants, selon la manière dont ils se prononcent à la 3e personne du singulier

1. confess**es** [...]
2. kill**s** [...]
3. enjoy**s** [...]
4. cross**es** [...]
5. suppli**es** [...]
6. teach**es** [...]
7. age**s** [...]
8. look**s** [...]
9. buzz**es** [...]
10. wait**s** [...]

10 Barrez l'intrus

1. prepares, allows, arrives, eats
2. cooks, costs, burns, fights
3. answers, recognizes, explains, prefers
4. counts, calls, tells, moves

Bravo, vous êtes venu à bout de ce chapitre ! Il est maintenant temps de comptabiliser les icônes et de reporter le résultat en page 128 pour l'évaluation finale.

Autour du present perfect

Le present perfect simple

Souvent présenté comme un temps du passé opposé au prétérit, le present perfect est davantage un temps du présent car il sert à exprimer des actions toujours en lien avec lui.

- **Formation : have/has** + participe passé. **Have** et **has** sont souvent abrégés en **'ve** et **'s**.
- **Utilisations :**

– **quand l'action a commencé dans le passé et se poursuit dans le présent.** On le traduit en français par du présent. Pour exprimer **depuis**, on utilise **since** ou **for**. **Since** introduit le point de départ d'une action, on le met devant une date ou un événement passé. **For** introduit une durée, on le met donc devant des étendues de temps (ex. : I have played tennis for 10 years/since 2002/since my childhood = je fais du tennis depuis 10 ans/depuis 2002/depuis mon enfance).

– **pour exprimer un bilan sur son expérience,** c'est-à-dire sur ce qu'on a vécu jusqu'alors. On le traduit par un passé composé en français (ex. : I have never been to Japan = je ne suis jamais allé au Japon). Il existe un certain nombre d'expressions employées pour exprimer cette idée de bilan : **so far/until now** (jusqu'à présent), **over the past years/weeks/months** (ces dernières années/semaines, ces derniers mois), **it's the first/second/third time** (c'est la 1re, 2e, 3e fois que...), **not yet** (pas encore), **never** (jamais), **ever** (de toute ma vie, jamais ou déjà, selon le contexte), **already** (déjà).

– **pour insister sur les conséquences ou le résultat** d'une action passée dans le contexte présent, et non sur la réalisation de l'action elle-même. Ainsi, l'événement passé explique la situation présente (ex. : I have forgotten my glasses = j'ai oublié mes lunettes ➜ je ne vois rien, je ne peux pas lire le panneau / I have washed the car = j'ai lavé la voiture ➜ elle est propre). Là encore, on le traduit par un passé composé en français.

I Choisissez entre since ou for, pour traduire depuis 

1. I've been back home .... 2 o'clock. I've been here .... 2 hours.
2. I haven't seen him .... a while. Not .... the accident, actually.
3. We have known John .... 1999. We've known him .... 14 years.
4. I haven't heard from her .... a long time. Have you phoned her .... her wedding?

2 Reliez chaque début de phrase à la suite qui lui correspond

1. I'm sorry, I have •
2. So far, I haven't •
3. You can stay home and relax. •
4. I've worked in this company for •
5. I haven't had breakfast •
6. This car is so old! I've had it for •

- • a. had any problem with my computer.
- • b. two years.
- • c. forgotten your name.
- • d. I've done the shopping.
- • e. ages!
- • f. yet.

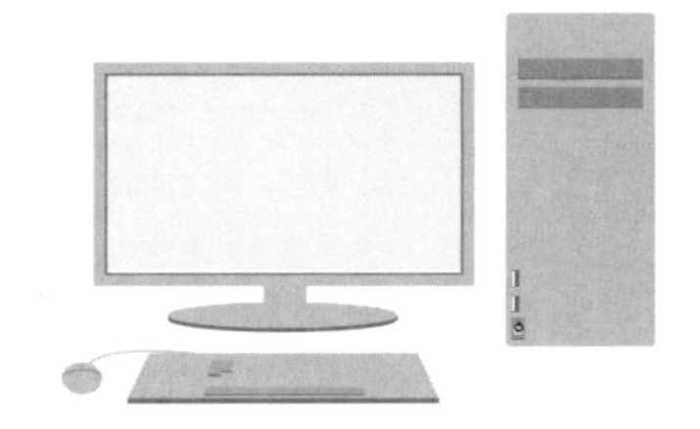

Le present perfect en ing

- **Formation : have/has been** + verbe en **ing**
- **Utilisations :**

– **pour une action récente** que l'on peut aisément constater dans la situation présente : ça se voit, ça se sent, etc. (ex. : she's been crying = elle a pleuré ➜ je le vois car elle a les yeux rouges / you've been drinking! = tu as bu ➜ tu sens l'alcool !).

– **on préférera la forme progressive** avec des situations plutôt courtes et ponctuelles et la forme simple pour les états permanents ou de longue durée (ex. : I have lived in Paris all my life / I've been living here for two months).

3 Corrigez les erreurs

I have always love Ireland. I live here since 2005. I've been rented a nice little flat in Dublin since 6 months. I have find an interesting job. I work here since three months. I have a few habits now. On Sundays I always go to the fish market. I've tried to learn more about Irish cooking for a couple of months. Another thing I love is going to the pub. I have tried quite a few beer brands since I arrived!

....
....
....
....
....
....
....
....
....
....

4 **Terminez la traduction des phrases suivantes, sans oublier les petits mots comme for, since, already, yet, etc. si nécessaire**

1. Ne donne pas à manger au chat, je l'ai déjà fait.
   → Don't feed the cat, I .... it.
2. Il a fumé. (sous-entendu : il sent la cigarette)
   → He ....
3. Je suis allé trois fois en Chine depuis 2002.
   → I .... three times to China .... 2002.
4. **Just for fun:** (conjuguez le verbe entre parenthèses pour compléter cette citation)
   → "A sense of humour is good for you. .... you ever .... **(hear)** of a laughing hyena with heart burn?" (Bob Hope)

Traduire « bien » et « mal »

- Pour traduire « de manière satisfaisante/insatisfaisante », on utilise **good, well, bad** ou **badly**, selon le contexte.
- Pour traduire « approprié ou non approprié / selon les convenances, la morale ou contraire aux convenances, à la morale », on utilise **right, bad** ou **wrong**.

À noter : good et **bad** sont des adjectifs alors que **wrong** et **badly** sont des adverbes.

5 **Entourez la ou les bonne(s) réponse(s) permettant de traduire correctement les phrases suivantes**

1. Je vais bien. → I'm... **a. well** **b. good** **c. right**
2. Qu'est-ce qui ne va pas ? → What's... **a. bad?** **b. badly?** **c. wrong?**
3. Bravo ! → **a. Well made!** **b. Well done!** **c. Right done!**
4. Le bien et le mal → **a. Right and wrong** **b. Good and bad** **c. Good and evil**
5. Elle parle mal anglais. → She speaks...
   a. bad English **b. English badly** **c. wrong English**
6. Ça fait du bien d'être à la maison. → It ... to be home.
   a. makes good **b. feels right** **c. feels good**

Traduire « bien » et « mal » (suite)

Lorsque **bien** et **mal** indiquent le degré ou une insistance, il faudra employer d'autres tournures (ex. : je suis bien ennuyé : I'm **quite** upset / vous avez mal compris : you **mis**understood), comme vous le verrez dans l'exercice suivant.

6 Terminez les traductions suivantes en plaçant les mots à l'endroit qui convient

hurt - much - very - carefully - difficulty - good

1. C'est bien mieux.
   → It's .... better.
2. Écoutez-moi bien.
   → Listen to me ....
3. Elle a du mal à parler.
   → She has .... in talking.
4. Ne lui faites pas de mal.
   → Don't .... him.
5. Je suis bien contente.
   → I'm .... happy.
6. C'est trop beau pour être vrai.
   → It's too .... to be true.

Prononcer la lettre i

La graphie **i** peut se prononcer **[i]** (ex. : machine, bit, promise) ou **[aille]** (ex. : wild, surprise). Il existe des règles de prononciation qui déterminent l'un ou l'autre de ces deux sons, mais elles sont complexes et ne peuvent être abordées à ce stade de l'apprentissage. Fiez-vous juste à votre oreille !

7 Barrez l'intrus

1. police - regime - decide - wilderness
2. differ - alive - time - nice
3. precise - vital - like - children
4. dish - kiwi - drive - ski

8 Répondez aux questions suivantes en entourant la bonne réponse

1. Comment prononce-t-on les deux **i** dans le mot **crisis** ? **a. [i]/[i]** **b. [aille]/[i]**
2. Comment prononce-t-on les deux **i** dans le mot **minority** ? **a. [i]/[i]** **b. [aille]/[i]**
3. Comment prononce-t-on le **i** de **decide** **a. [aille]**. **b. [i]**
4. Comment prononce-t-on le premier **i** de **decision** ? **a. [aille]** **b. [i]**

Le son [i]

Plusieurs graphies se prononcent généralement **[i]** :

- **i** (ex. : bit, caffeine)
- **y** (ex. : synonym, party)
- **e** (ex. : be, become)
- **ee** (ex. : bee)
- **ea** (ex. : bean)
- **eo** (ex. : people)
- **ey** (ex. : key)
- **ei** (ex. : ceiling)
- **ie** (ex. : chief)
- et parfois le **a** (ex. : hostage)

Il existe cependant des exceptions...

9 Entourez la ou les bonne(s) réponse(s)

1. Chassez l'intrus :
   copy - try - envy - fancy
2. Chassez l'intrus :
   perceive, receive, neighbour, deceive
3. **Cheer** rime avec : hear - pear
4. Chassez l'intrus :
   heavy - ally - July - my
5. Chassez l'intrus :
   party - actually - justify - worry
6. **Journey** rime avec :
   funny - crazy - okay - money
7. Chassez l'intrus :
   leaf, meat, sweat, read

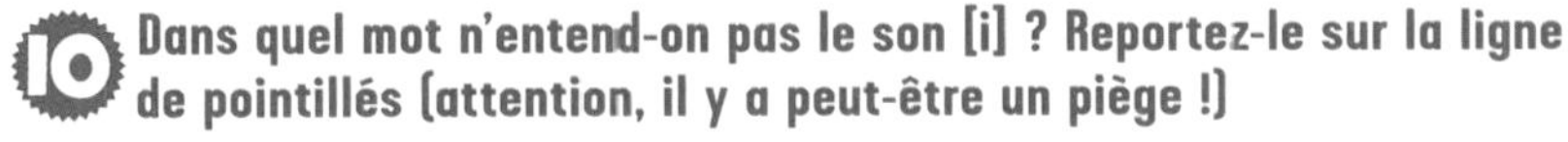

10 Dans quel mot n'entend-on pas le son [i] ? Reportez-le sur la ligne de pointillés (attention, il y a peut-être un piège !)

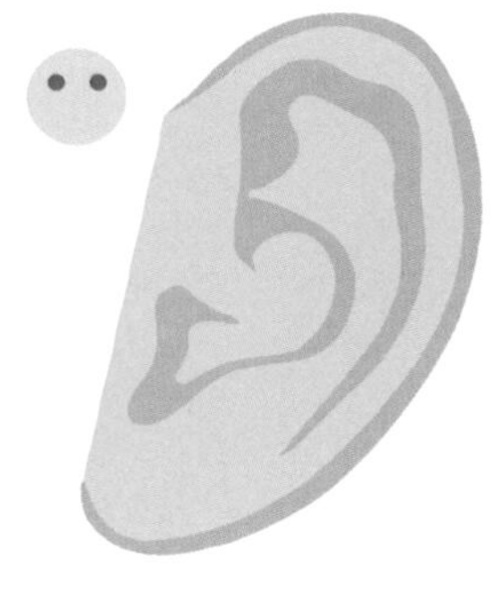

1. complete - great - knowledge - chief ➜ ....
2. asylum - deep - manage - ship ➜ ....
3. meet - sign - promise - achieve ➜ ....
4. fit - relief - advantage - violence ➜ ....
5. carriage - language - bridge - badge ➜ ....
6. women - business - knowledge - secret - media ➜ ....

Bravo, vous êtes venu à bout de ce chapitre ! Il est maintenant temps de comptabiliser les icônes et de reporter le résultat en page 128 pour l'évaluation finale.

3 Autour du prétérit

Le prétérit simple

Le prétérit est un temps du passé. Il sert à exprimer des événements passés, terminés et souvent datés, qui n'ont plus aucun rapport avec le présent (ex. : Ghandi died in 1948 / I bought a new computer last week).

Formation :

- si le verbe est régulier, on le construit avec la base verbale + **d/ed** à la forme affirmative (ex. : Tommy played football this morning) ; on utilise **did** aux formes interrogatives et négatives (ex. : did you see Peter yesterday? / No, I didn't). L'auxiliaire **be** au prétérit est **was** pour les personnes du singulier et **were** pour les personnes du pluriel.
- si le verbe est irrégulier, le prétérit est une forme fixe à apprendre par cœur.

1 Régulier ou irrégulier ? Entourez l'intrus

1. work, know, believe, play

2. lose, take, ask, buy

3. kill, buy, arrive, visit

4. cut, tell, need, see

5. go, become, bleed, walk

6. swim, eat, wash, lie

2 Pour chaque verbe, cochez la bonne case puis donnez son prétérit

	Régulier	Irrégulier	Prétérit
talk	☐	☐	....
meet	☐	☐	....
drink	☐	☐	....
become	☐	☐	....
wear	☐	☐	....
cry	☐	☐	....
open	☐	☐	....
compare	☐	☐	....
let	☐	☐	....

Le prétérit simple (suite)

Particularités :

- contrairement au present perfect, le prétérit s'utilise lorsque c'est l'événement passé en lui-même qui est mis en avant et non ses conséquences dans le présent. Ainsi, il s'accompagne souvent des circonstances de l'événement : où, pourquoi, comment, quand (ex. : she put her hat **on the table** ➜ où ? sur la table / I came **on foot** ➜ comment ? à pied).
- le prétérit s'emploie avec des repères temporels renvoyant à un moment passé, tels que : une date, **ago** (il y a...), **yesterday, last week/month/year** (la semaine dernière, le mois dernier, l'année dernière), **for, when, during, before, after, since**. Le repère peut être vague, il suffit qu'il évoque un élément renvoyant clairement au passé (ex. : Egyptians wore make-up).
- au prétérit, le mot **pendant** peut se traduire par **for** ou **during**. **For** précède une durée et répond à la question **how long?** (ex. : for 2 months = pendant 2 mois). **During** précède un nom et répond à la question **when?** (ex. : I fell asleep during the meeting).

3 Conjuguez les verbes entre parenthèses au prétérit

1. I .... **(leave)** my umbrella on the train.
2. I .... **(go)** to Australia for the holidays last year.
3. The Suffragettes .... **(fight)** for the right to vote.
4. I .... **(stop)** smoking a few months ago.
5. We .... **(not - go)** to the restaurant last night.
6. Peter .... **(work)** in England from 1985 to 2010.

Le prétérit en Be + ing

- **Formation : To be** au prétérit (**was/were**) + base verbale + **ing**
- **Utilisation :** pour une action en déroulement dans le passé ➜ j'étais en train de... (ex. : this time last week, I was skiing), pour dire qu'une action était en déroulement lorsqu'une autre s'est déclenchée ou qu'une action a été interrompue par une autre ➜ j'étais en train de... lorsque... (ex. : I was sleeping when you arrived).

4 Complétez les espaces en choisissant le prétérit simple ou en Be + ing

1. I .... **(not - hear)** the postman. I .... **(have)** a shower when he .... **(ring).**

2. – What .... you .... **(do)** last night at 11, Sir?
– Nothing special, I .... **(watch)** TV.

3. The children .... **(play)** football when it .... **(start)** raining.

4. Just for fun: "I can remember exactly what I .... **(do)** when I .... **(hear)** the news. I .... **(listen)** to the news." (Hugh Laurie)

5 Placez les mots manquants (during, for, since, ever, yet, already, ago) à l'endroit qui convient dans ces phrases au prétérit ou au present perfect

1. I was sick ... the flight.

2. I've known him ... more than a year, ... June 2011.

3. I went to the hairdresser's two weeks... .

4. Have you ... fed the cat?

5. Have you ... done a parachute jump?

6. I haven't prepared dinner... .

	mots manquants	
1		
2		
3		
4		
5		
6		

6 Complétez les phrases suivantes au prétérit ou au present perfect, en n'oubliant pas les marqueurs temporels (for, since, ago, during, etc.) si nécessaire

1. I .... **(rent)** a flat .... ten years, from 1980 to 1990. Then I .... **(buy)** a house.

2. Be careful, there's glass everywhere. I .... **(break)** a vase.

3. I .... **(smoke)** .... I was a teenager. I know I should stop.

4. I .... **(see)** Emma two days ....
She was on her way to the dentist's.

La désinence des verbes réguliers

La désinence du prétérit est un **d** si le verbe se termine par **e** (ex. : live ➜ lived). Les verbes se terminant par **y** se transforment en **ie + d** si le **y** est précédé d'une consonne (ex. : try ➜ tried). Il n'y a pas de modification s'il est précédé d'une voyelle (ex. : stay ➜ stayed). On doublera la consonne finale si le verbe se termine par une voyelle + une seule consonne, sauf le **w** (ex. : stopped, admitted). Exceptions : opened, developed, entered, profited, suffered, offered, remembered).

Les verbes en **ic** ou en **c** se transforment en **ck** (ex. : panic ➜ panicked).

7 Mettez les verbes suivants au prétérit simple

tap	prefer ....
close	top ....
explain	create ....
follow	believe ....
worry	study ....
rob	chat ....
live	picnic ....

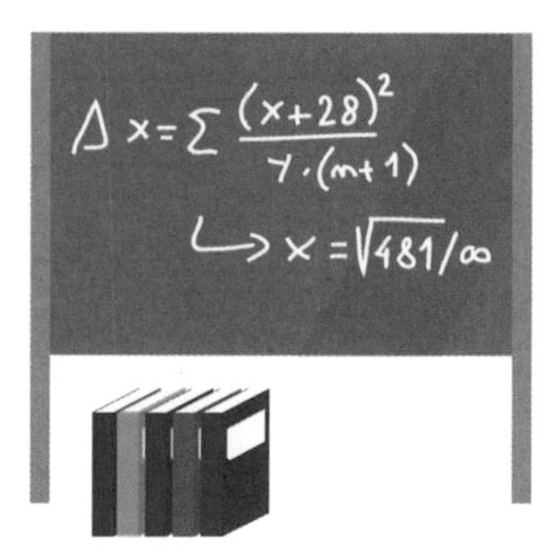

Take ou have ?

Pour traduire certaines expressions, en particulier celles contenant le verbe **prendre**, on hésite souvent entre **take** et **have**. Certains usages sont tout simplement à apprendre. Cependant, on peut retenir que **have** est souvent utilisé pour des actions et des expériences, en particulier lorsque l'expression a le sens de **manger**, **boire**, **s'amuser** (ex. : have a snack, have fun, have a walk). Les **Américains** ont tendance à utiliser davantage **take**, ils diront : take a shower, take a walk.

8 Take ou have ? Entourez la bonne réponse (les deux sont parfois possibles)

1. Faire une pause ➜ **take - have** a break
2. Déjeuner ➜ **take - have** lunch
3. Prendre un verre ➜ **take - have** a drink
4. Prendre un bain ➜ **take - have** a bath
5. Prendre des vacances ➜ **take - have** a holiday
6. Asseyez-vous ➜ **take - have** a seat
7. Jeter un coup d'œil ➜ **take - have** a look
8. S'amuser ➜ **take - have** fun

Traduire avoir : be ou have ?

On utilisera **have** si **avoir** a le sens de **posséder** ou **souffrir de** (avoir une voiture, avoir mal à la tête). Si **avoir** a un sens différent, on utilisera souvent **be** + adjectif. C'est le cas pour : **l'âge** (avoir 20 ans), **les états mentaux** (avoir raison, avoir de la chance), **certaines émotions** (avoir peur, avoir honte), **les sensations** (avoir faim, avoir chaud), **les localisations** (il y a...), **les mesures** et **caractéristiques** (couleur, taille, grandeur, hauteur, vitesse, température, etc.).

9 Remettez les mots dans l'ordre et ajoutez le verbe be ou have, conjugué au temps nécessaire, comme dans l'exemple • •

Ex. : Il y a une araignée dans la chambre. → there/in/spider/the/bedroom/a → There IS a spider in the bedroom.

1. J'avais tort, tu avais raison. → **I/right/wrong/you** → ....

2. Peter a 32 ans. → **thirty-two/Peter** → ....

3. Les enfants ont peur du chien. → **children/the/of/dog/the/afraid**

→ ....

4. Ils ont froid dans le cottage → **cold/they/in/cottage/the** → ....

5. J'ai souvent mal à la tête → **often/I/headache/a** → ....

Synonymes idiomatiques

Les francophones ont tendance à trop utiliser les mots anglais qui ressemblent au français. Or les Anglais utilisent beaucoup plus naturellement des mots plus idiomatiques (qui sont aussi souvent plus courts), comme vous le verrez dans l'exercice suivant.

10 Trouvez les synonymes (plus idiomatiques) des mots suivants, en vous laissant guider par les indices • •

Synonymes de...	Indice 1	Indice 2	Réponse
1. simple	• A • •	Y/E/A/S	
2. liberty	F • • • D • •	O/M/D/E/F/E/R	
3. difficult	H • • •	R/H/D/A	
4. sufficient	E • • U • •	U/N/H/E/G/O	
5. ridiculous	• I • • Y	Y/L/I/L/S	

Prononciation du d / ed

Il se prononce **[id]** après les sons **[d]** ou **[t]** (ex. : wanted, ended), de même que dans les participes passés beloved, blessed, learned et naked. Il se prononce **[t]** s'il est trop difficile de le prononcer **[d]**, comme c'est le cas après les sons **[p]**, **[t]**, **[k]**, **[f]**, **[s]**, le **[tch]** de cheese, le **[ch]** de shoe (ex. : worked, tapped, preached, picked, coughed). Il se prononce **[d]** après les autres consonnes (ex. : filled, saved, ruled) et les verbes se terminant en **er** si la lettre **r** reste muette dans la graphie **ered** (ex. : considered).

11 Comment se prononce le ed dans les mots suivants ?

1. needed	[id] ☐	[t] ☐	[d] ☐
2. kissed	[id] ☐	[t] ☐	[d] ☐
3. lived	[id] ☐	[t] ☐	[d] ☐
4. wondered	[id] ☐	[t] ☐	[d] ☐
5. hated	[id] ☐	[t] ☐	[d] ☐

12 Combien de syllabes entendez-vous dans les mots suivants ?

1. punished : ....
2. listened : ....
3. reached : ....
4. danced : ....
5. arrived : ....
6. researched : ....
7. suggested : ....
8. naked : ....
9. listened : ....
10. pressed : ....

13 Entourez l'intrus dans chaque ligne

1. suffered, entered, served, fixed, covered

2. shouted, explained, recorded, visited, started

3. stopped, confessed, expected, dressed, parked

4. answered, figured, appeared, included, surprised

Bravo, vous êtes venu à bout de ce chapitre ! Il est maintenant temps de comptabiliser les icônes et de reporter le résultat en page 128 pour l'évaluation finale.

Autour du futur

L'expression du futur

- **Will** + base verbale : s'utilise pour une prédiction à partir de faits connus (ex. : I think he will pass the exam), une décision prise au moment où on l'énonce (ex. : le téléphone sonne ➔ I'll take it). À l'oral la forme contractée **'ll** est le plus souvent utilisée.
- **Be going to** + base verbale : s'utilise pour une intention (ex. : I'm going to buy a new car) ou une déduction à partir de circonstances déjà présentes (ex. : look at the sky, it's going to rain)
- **Présent** en **ing** : pour une décision déjà prise avant d'être annoncée (ex. : I'm moving out next month)
- **Présent simple** : pour un événement/horaire planifié par un agent extérieur (ex. : the train leaves at 5)

1 Reliez chaque début de phrase à la suite qui lui correspond

1. Someone's knocking at the door. •	• **a.** that the film starts at 8:30.
2. Look how fast this man is driving. He's •	• **b.** going to Spain for the holiday.
3. It says in the TV programme •	• **c.** I'll be right back.
4. Wait for me please. •	• **d.** I'll get it!
5. It's agreed. We are •	• **e.** going to have an accident.

Will ou pas will ?

On utilise aussi **will** si l'événement est conditionné (ex. : I'll go if you come with me).

On utilise le **présent simple** et non **will** dans les subordonnées de temps après **when, as soon as, until, while, before, after**, quand le verbe de la principale est au futur avec will (ex. : I'll tell you as soon as I know) et après certains verbes comme **bet** ou **hope** (ex. : I bet he doesn't come = je te parie qu'il ne viendra pas).

2 Cochez la bonne réponse

1. Have you decided yet? ... to the party tonight?
   ☐ **a.** Do you come
   ☐ **b.** Are you coming
   ☐ **c.** Will you come

2. I heard you were sick.
   I hope you ... better soon.
   ☐ **a.** will feel
   ☐ **b.** feel
   ☐ **c.** are feeling

3. The sky is getting so dark! I think it...
   ☐ **a.** is going to rain
   ☐ **b.** rains
   ☐ **c.** will rain

4. In six months from now, I ... in Japan.
   ☐ **a.** will live
   ☐ **b.** live
   ☐ **c.** will be living

5. **Just for fun:** "It's not that I'm afraid to die. I just don't want to be there when it ... ." (Woody Allen)
   ☐ **a.** is happening
   ☐ **b.** will happen
   ☐ **c.** happens

Le futur en ing

Il existe un futur en **ing**. Il sert à exprimer une action qui sera déjà en train de se dérouler dans le futur. Il se forme avec **will be** + base verbale + **ing** (ex. : this time tomorrow I'll be visiting Dublin).

L'utilisation de shall

Shall n'est plus utilisé que pour faire une suggestion ou une offre (ex. : shall I take your coat? = puis-je prendre votre manteau ?) ou pour s'interroger sur ce que l'on doit faire (ex. : what shall we do?).

3 Complétez les espaces en choisissant shall, will, le présent en ing ou le présent simple

1. Are you cold? .... **(I - close)** the window?
2. Peter and Suzie .... **(get married)** in May.
3. The play .... **(begin)** at 8:30.
4. Let's go to the restaurant tonight, ... we?
5. I .... **(go out)** if I'm not too tired.

Traduire faire : make ou do ?

On utilise **make** lorsqu'il y a création, transformation ou construction (ex. : I made a cake). **Make** est par ailleurs utilisé dans des expressions figées, où il ne signifie pas forcément **faire** (ex. : to make a call = passer un appel). On utilise **do** quand « faire » renvoie à l'idée d'une tâche, d'une activité ou d'un travail (ex. : what do you do? = what is your job? = qu'est-ce que vous faites dans la vie ? / I'm doing the dishes = je fais la vaisselle).

4 Complétez avec do ou make, conjugué au temps qui convient

1. He .... his best but he .... many mistakes.
2. Could you .... me a favour and .... some tea?
3. That was a difficult choice to .... and I think you .... the right thing.
4. I'm going to .... the shopping this afternoon.
5. You could .... an effort, it's not so hard!

Interjections

Les interjections sont très nombreuses en anglais comme en français. Elles sont aussi très différentes. Par exemple, **Bang!** signifie « pan ! », **Hush!** signifie « chut ! ». Maintenant, à vous d'en découvrir d'autres dans l'exercice ci-contre ! »

5 Reliez chaque interjection anglaise à son équivalent français

1. Phew •	• a. Miam
2. Shoo •	• b. Euh
3. Ouch •	• c. Ouf
4. Yummy •	• d. Oust
5. Yuck •	• e. Aïe
6. Hum •	• f. Beurk

6 Trouvez les mots mal orthographiés et cochez les cases correspondantes

bottle ☐, adress ☐, carrot ☐, cotton ☐,
abreviation ☐, button ☐, miror ☐, enemy ☐,
holiday ☐, litterature ☐, apartment ☐, coffey ☐,
envelope ☐, agressive ☐, ridiculous ☐, acheive ☐,
accross ☐, generally ☐, begining ☐, successful ☐,
exemple ☐, abricot ☐, bank ☐, baggage ☐,
caracter ☐, comfort ☐, shoking ☐, elegantly ☐,
squirrel ☐, pineapple ☐, syrop ☐, clerk ☐, finaly ☐,
selfish ☐, futur ☐, virtuous ☐, grateful ☐,
fonction ☐, langage ☐, swimming ☐,
pronounce ☐, spelling ☐, gard ☐,
allowed ☐, crossroads ☐, projet ☐,
chicken ☐, whistle ☐, rythm ☐,
developement ☐, tongue ☐, Irland ☐.

Faux sosies

Par confusion avec le français, un certain nombre de mots anglais sont souvent mal orthographiés. Soyez particulièrement attentifs aux consonnes (doubles ou simples ?) et aux éventuels ajouts ou suppressions de lettres.

7 Placez ces mots, appartenant au thème de la famille, dans les phrases suivantes

daughter / mother-in-law / uncle / aunt / brother / wife / sister / husband / nephew

1. A married couple is formed of .... and ....
2. Son is to boy what .... is to girl.
3. An only child has no ....s and ....s.
4. Your father's brother is your ....
5. Your father's sister is your ....
6. Your wife's/husband's mother is your ....
7. Your sister's/brother's son is your ....

Le vocabulaire de la famille

Le mot **family** désigne à la fois la cellule familiale et l'idée de famille. **A relative** désigne **un parent** (→ quelqu'un de la famille). Maintenant, à vous de jouer en découvrant d'autres mots dans l'exercice proposé !

Le vocabulaire autour des vêtements

Pour parler **des vêtements** au pluriel, on dit **clothes**. Mais si l'on veut désigner **un vêtement**, on dira **a garment** ou **an item (an article/a piece) of clothing**. Maintenant, testez vos connaissances autour de ce thème à travers les exercices ci-dessous !

8 **Détachez les mots au bon endroit en les séparant par un trait, vous trouverez ainsi la traduction anglaise des mots listés ci-dessous ; reportez ensuite les mots anglais au propre, sur les lignes prévues à cet effet, et dans l'ordre des traductions**

1. **robe - costume - vêtements - pantalon - chemise - veste - chaussettes - jupe - pull-over - manteau**

   clothesshirtjacketsweatersuitcoattrouserssocksskirtdress

   ....

   ....

Même consigne, cette fois pour trouver la traduction des accessoires suivants

2. **porte-monnaie - casquette - chapeau - chaussure - écharpe - cravate - mouchoir - gant - ceinture - parapluie**

   cappursehattiebeltscarfgloveshoeumbrellahandkerchief

   ....

   ....

9 **Lisez les petites consignes et entourez la bonne réponse**

1. Chassez l'intrus :
   children - five - alive - die - child
2. Chassez l'intrus :
   buy - live - mind - dry
3. Chassez l'intrus :
   ideal - private - iron - spinach
4. **Right** ne rime pas avec :
   rite - fight - eight - write
5. Comment prononce-t-on le **i** et le **y** dans **finally** ?
   a. [i]/[i]
   b. [aille]/[aille]
   c. [i]/[aille]
   d. [aille]/[i]

Les sons [i] et [aille] (suite)

On trouve généralement le son **[aille]** dans les différentes graphies suivantes :
- **y** (ex. : my)
- **ie** (ex. : lie)
- **i** (ex. : night, five, find)
- **eigh** (ex. : height)

Mais il existe aussi des exceptions...

Le son [i] : [i] long ou [i] court ?

Rappel : on trouve le son **[i]** avec les lettres et graphies **i, ee, ea**. Notez à présent que le son **[i]** est souvent **court** avec la lettre **i** (ex. : slip) et **long** avec les graphies **ee** et **ea** (ex. : sleep, meat). Il est très important que cette différence soit marquée à l'oral.

10 Classez les mots dans le tableau, en fonction de la longueur du son [i]

seek - beach - shit - leek - fill - seat - rid - bin - leave - chip - sheep - sit - read - sick - feel - ship - cheap - live - bean - bitch - sheet - lick

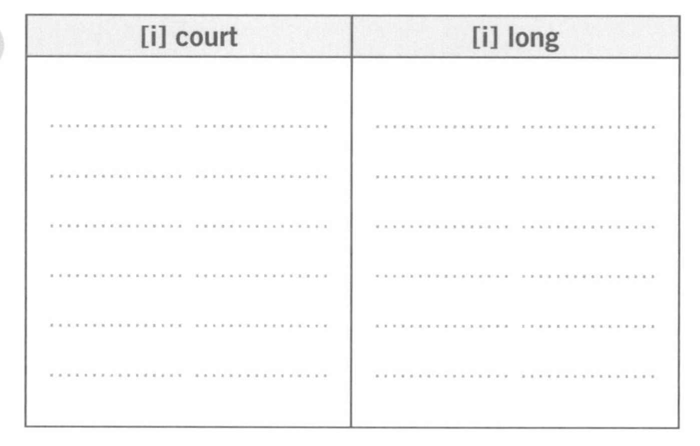

[i] court	[i] long
....	....
....	....
....	....
....	....
....	....
....	....

11 Entourez le mot qui convient

1. He is in hospital. He was **hit - heat** by a car.
2. Amanda **lives - leaves** in Japan now.
3. I usually **slip - sleep** very well at night.
4. He ate bad sushi and got very **sick - seek**. He almost died.

12 Dans chacune des listes suivantes, deux mots se prononcent de la même façon ; barrez l'intrus

1. leak - leek - lick
2. meet - meat - mate
3. ill - heel - heal
4. ceiling - sealing - sailing
5. still - steel - steal

Bravo, vous êtes venu à bout de ce chapitre ! Il est maintenant temps de comptabiliser les icônes et de reporter le résultat en page 128 pour l'évaluation finale.

5

Autour des modaux

Les modaux

- **Fonction générale et formation :** les modaux servent à exprimer la possibilité, l'obligation, la capacité ou la probabilité. À la forme affirmative, les modaux (invariables, même forme à toutes les personnes) sont suivis de la **base verbale** (ex. : I/he/they must go). À la forme interrogative, on inverse le modal et le sujet (ex. : can you come? / should we leave?).
- **Les principaux modaux sont** (voir plus loin pour leurs formes négatives et particularités) **:**
  - **Can :** sert à exprimer **la capacité ou une permission** (ex. : I can speak German / can I come with you?).
  - **Could :** forme passée de **can**, servant à exprimer les mêmes notions que **can**
  - **Must :** sert à exprimer une **forte possibilité ➜** ça doit être (ex. : it must be nice to live by the sea) ou une **obligation à la forme affirmative** (ex. : you must do your homework)
  - **Should :** sert à exprimer un **conseil ➜** tu devrais, tu ferais bien de (ex. : you should work harder)
  - **May :** sert à exprimer **l'éventualité**, à raison d'environ une chance sur deux **➜** il se peut que (ex. : it may rain this afternoon) ou une **autorisation** (ex. : may I smoke?)
  - **Would :** sert à exprimer **le conditionnel**. On l'utilise souvent avec les mots **if, if only** (ex. : I would come if I could = je viendrais si je pouvais). Il sert aussi dans le **discours indirect**, pour rapporter des propos (ex. : she said that she would come = elle a dit qu'elle viendrait).

I Choisissez entre can, must, should, may, could ou would

1. You didn't sleep last night. You .... be very tired. Maybe you .... take a nap.
2. You don't have a choice, you .... speak English fluently to work in this company.
3. I .... help you with your exam if I ...., but I'm afraid I'm terrible at maths.
4. It .... rain, it's sunny but there are a few clouds. Don't you think we .... take an umbrella?
5. **Just for fun:** "If the British .... survive their meals, they .... survive anything." (GB Shaw)

Formes négatives et particularités

- **Can :** sa forme négative est **cannot** ou **can't**. Pour exprimer la capacité au futur, on utilise **be able to + base verbale** (ex. : I will be able to speak fluently in a few months).
- **Must :** sa forme négative est **must not** ou **mustn't**. Elle peut servir notamment pour traduire une **interdiction** (ex. : you mustn't smoke in a hospital). Si l'on veut exprimer une obligation au passé ou au futur, on utilisera **have to** conjugué au prétérit ou au futur + **base verbale** (ex. : I had to work all weekend / I will have to cancel my holiday).
- **Should :** sa forme négative est **should not** ou **shouldn't** (ex. : you shouldn't smoke so much).
- **May :** sa forme négative est **may not**. Pour exprimer l'idée d'autorisation au passé ou au futur, on emploie **be allowed to + base verbale** (ex. : I was allowed to take photos in the museum / I will be allowed to bring my dog to the hotel).
- **Would :** sa forme négative est **would not** ou **wouldn't**. La structure **would like to + base verbale** sert à exprimer un **souhait** (ex. : I'd like to come with you).

2 **Remettez les mots dans l'ordre pour trouver la traduction des phrases suivantes**

1. Elle a dit qu'elle le ferait.

→ ....

do she would that said it she

2. Je n'ai pas eu l'autorisation de venir.

→ ....

come I to was allowed not

3. Ne devrais-tu pas fumer moins ?

→ ....

smoke not you less should ?

4. Aimerais-tu sortir ce soir ?

→ ....

tonight like you out go to ? would

5. Il faudra que je fasse les courses.

→ ....

the to do shopping have will I

3 Mettez les phrases suivantes au temps indiqué entre parenthèses

1. I will be able to arrive by 5 o'clock **(PRÉSENT)** :

➜ ....

2. I must see a doctor about my allergies **(PASSÉ)** :

➜ ....

3. I will be allowed to leave work earlier **(PRÉSENT)** :

➜ ....

4. May I call him ? **(FUTUR)** :

➜ ....

5. I will have to tell them **(PRÉSENT)** :

➜ ....

Échanges quotidiens

Un certain nombre de petites expressions permettant des **échanges sociaux** de base ou l'expression d'une **opinion** sont incontournables lorsque l'on se trouve dans un pays anglophone, sous peine de paraître froid ou impoli. En voici quelques-unes dans les exercices suivants.

4 Placez les mots à l'endroit qui convient

later - get - thanks - see - bother

1. Thank you = ...

2. Excuse me = sorry to .... you

3. Bon rétablissement = ... well

4. À plus tard =
.... you ....

5 Trouvez les lettres manquantes ou remettez les mots dans l'ordre pour reconstituer les expressions suivantes

1. Félicitations ! C _ _ G _ _ T _ L _ _ _ _ _ S!

2. Comment ça va ? _ _ _ _ _ _ YOU?

3. Se dit lors d'une première rencontre : you/how/do/do? ....

4. Bonne chance ! G _ _ D L _ _ K!

5. De rien ! (après des remerciements)
   YOU'RE W _ _ CO _ _
   ou DON'T ME _TI_ _ IT
   ou NOT AT A _ _

Bonne chance !

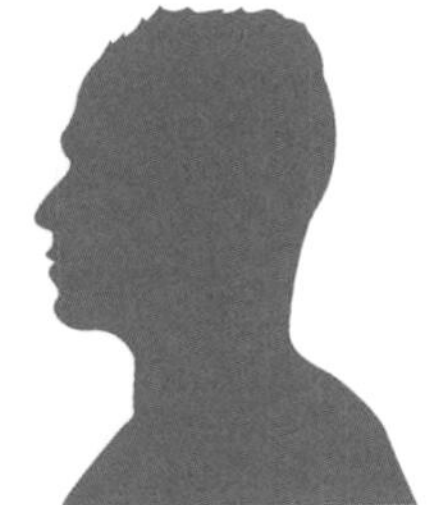

6 Il existe plusieurs possibilités pour demander de répéter. Classez les propositions de la plus polie à la moins polie, en reportant les lettres a, b, c ou d entre les symboles décroissants

a. sorry? b. I beg your pardon? c. could you repeat that, please? d. what?

.... > .... > .... > ....

1. Pour traduire **à mon avis**, laquelle de ces expressions n'est pas correcte ?
   - a. at my view...
   - b. I think...
   - c. in my opinion...
   - d. from my point of view...

2. Comment dites-vous **je suis d'accord** ?
   - a. I am agree
   - b. I am agreed
   - c. I agree
   - d. I am okay

3. Comment dites-vous **je ne suis pas d'accord** ?
   - a. I disagree
   - b. I'm not agreed
   - c. I don't agree
   - d. I'm disagreed

4. Par politesse, avant d'indiquer son désaccord, on débute sa phrase par :
   - a. not at all
   - b. never mind
   - c. I'm afraid...
   - d. I believe...

5. Quelle expression ne signifie pas que vous êtes certain ?
   - a. I'm sure (about)
   - b. I'm certain (about)
   - c. I'm positive
   - d. I'm biased

6. Quelle expression ne signifie pas « **je pense/je suppose** » ?
   - a. I guess
   - b. I suppose
   - c. I bet
   - d. I assume

La lettre a

La lettre **a** peut se prononcer :
- **[o]** (ex. : fall, talk)
- **[eu]** (ex. : afraid, accept)
- **[a]** (ex. : father, matter)
- **[eille]** (ex. : baby)
- **[a] nasal** (ex. : cat)
- **[i]** (ex. : cottage, vintage ; attention, les Français ont tendance à prononcer **[eille-dje]** les mots se terminant en **age**, tels vintage ou cottage, au lieu de les prononcer **[vine-tidj]** et **[cotidj]**, comme il se doit)

8 Répondez aux questions suivantes

1. Comment prononce-t-on les 3 **a** dans le mot **banana** ? 1 [.....] 2 [.....] 3 [.....]
2. **appreciate** rime avec :
   a. demonstrate
   b. climate
   c. mat
3. Dans quel mot la lettre **a** ne se prononce pas **[eille]** ? potato - fashion - apricot - April
4. Quel mot contient un **a** qui ne se prononce pas **[eu]** ? again - agony - across - American
5. Chassez l'intrus :
   apple - traffic - final - rabbit

9 Entourez l'intrus

1. rugby - tune - reduction - cup
2. funny - mud - customer - ruby
3. put - full - cool - fudge
4. honey - offer - some - open
5. blood - hood - enough - done

Le son [a] fermé

Peuvent se prononcer **[a] fermé** les graphies suivantes :
- **o** (ex. : love)
- **ou** (ex. : tough)
- **oo** (ex. : flood)
- **u** (ex. : up, duck ; attention, les Français ont tendance à prononcer ce mot **[deuk]**, mais en réalité, il faut le prononcer **[dak]** !)

10 Dans quels mots entend-on le son [a] fermé ? Cochez les cases correspondantes

1. ☐	destruction	6. ☐	god	11. ☐	rock
2. ☐	hoover	7. ☐	moose	12. ☐	stuck
3. ☐	luck	8. ☐	brother	13. ☐	fool
4. ☐	court	9. ☐	rude	14. ☐	seduction
5. ☐	duke	10. ☐	colour	15. ☐	rough

Prononcer les lettres j / g

- La lettre **j** se prononce toujours **[dj]** (ex. : jar, enjoy, junior).
- La lettre **g** peut se prononcer **[dj]** en début et en milieu de mot, dans les groupes de lettres **gi, gy, ge, dg, dge** (ex. : ginger, energy, knowledge, cabbage), **[g]** en début, milieu ou fin de mot (ex. : gold, game, finger, dog, fog) et **[f]** dans le groupe de lettres **gh** (ex. : laugh).

À noter : certaines lettres/graphies se prononcent également **[dj]** et ce, même si elles ne contiennent pas la lettre g. C'est le cas de la graphie **dj** et de la **lettre d dans les graphies di et du** (ex. : dual, adjust, soldier).

11 Dans quel mot n'entend-on pas le son [dj] ? Barrez-le

1. journey / adjective / gene / bridge / gibbon
2. module / sleigh / majesty / soldier / gym
3. mileage / getaway / badger / subdue / adjoin
4. ageing / project / twig / dune / budget

12 Dans quels mots n'entend-on pas le son [g] ? Barrez-les

GATE argue spring monologue bagel germ giant

13 Dans quels mots n'entend-on pas le son [f] ? Barrez-les

weigh tough laugh enough rough though sigh borough cough

Bravo, vous êtes venu à bout de ce chapitre ! Il est maintenant temps de comptabiliser les icônes et de reporter le résultat en page 128 pour l'évaluation finale.

Autour des verbes : to, ing ou ø ?

To ou ø ?

• **Base verbale sans to (ou ø) :**

Elle s'utilise après **les modaux** et **had better** (ex. : we'd better go/ we must go), les verbes **let** et **make** (ex. : let him go / This film made me cry), l'expression **why (not)?** (ex. : you look tired, why not take a holiday?).

• **Base verbale avec to :**

To exprime l'idée de but, de visée (ex. : I went to the supermarket **to** buy some milk). On trouvera souvent **to** quand le verbe est orienté vers la réalisation (future) d'une action. On l'utilise après **la plupart des verbes non auxiliaires** (ex. : choose, decide, hope, love, promise, refuse, want), **les interrogatifs who, what, where, mais pas why** (ex. : tell me what to do), **would like/prefer/hate/love** (ex. : I'd like to tell you something), les expressions exprimant **une obligation** (ex. : I have a lot of work to do), **les quantificateurs** comme **enough, too much** (ex. : there was enough water to take a shower), **les adjectifs exprimant une émotion** comme **disappointed, glad, happy, pleased, relieved, sad, surprised, shocked, afraid** (ex. : I'm pleased to come with you).

1 Cochez la bonne réponse

1. I was so happy … that you got married.	☐ **a.** learn	☐ **b.** to learn
2. It's getting late. We'd better … .	☐ **a.** go	☐ **b.** to go
3. I promise … an effort.	☐ **a.** to make	☐ **b.** make
4. We will tell you when … .	☐ **a.** leave	☐ **b.** to leave

2 Reliez chaque début d'énoncé à la construction qui convient

1. I let the children •	
2. She was afraid •	• to go
3. Tell me where •	• ø go
4. They can •	

Les verbes en ing

- **Formation :** Base verbale **+ ing**
- **Utilisations :**

Contrairement à **to**, qui est orienté vers l'action, **ing** est orienté vers la notion (ex. : smoking is not good for you ≠ I want to smoke a cigarette). **Ing** peut d'ailleurs occuper une fonction de nom, qu'elle soit sujet (ex. : running is a healthy habit) ou complément (ex. : I like running). On peut généralement traduire un verbe en **ing** par un nom ou le remplacer par l'expression **le fait de...** (smoking → le tabagisme, le fait de fumer).

On l'utilise après les verbes **admit, avoid, consider, deny, enjoy, fancy, feel like, finish, resist, risk, spend, suggest** (ex. : I suggested going to the cinema), **les prépositions** et adverbes comme **to, without, of, at, for, before, after, by, about, instead of** (ex. : the idea of losing never crossed her mind), **les verbes à particule** comme **carry on, give up,** etc. (ex. : he carried on reading), après les verbes **mind, stop, can't stand,** etc. (ex. : I can't stand waiting).

3 Entourez la bonne réponse

1. Do you enjoy **(to swim - swim - swimming)** in the ocean?
2. They went for a walk instead of **(to watch - watch - watching)** a film.
3. She was pleased **(to see - see - seeing)** me.
4. Stop **(to make - make - making)** a noise!
5. He's so funny. He always makes us **(laugh - laughing - to laugh)**.

lol!

4 Soulignez les phrases dont la construction verbale est incorrecte

1. To cook pasta is not as easy as it seems.
2. I don't want to go to the cinema.
3. Why not staying for dinner?
4. He spends most of his free time travel.
5. I don't mind to help you.
6. I don't feel like cooking tonight.
7. Do you enjoy to read detective stories?
8. To drink too much tea or wine can stain your teeth.
9. You can't make progress without making an effort.
10. Doing yoga makes her feel good.
11. He gave up smoking last year.
12. He denied to steal the car.

5 Entourez la ou les construction(s) correcte(s)

1. Can you help me **moving - to move - move** the sofa?
2. It started **to snow - snowing - snow** during the night.
3. We heard your dog **bark - to bark - barking** all night long!
4. I hate **to cycle - cycling - cycle** in the city.

Cas particuliers

- Le verbe **help** accepte aussi bien la construction avec **to** que **ø** (ex. : can you help me (to) wash the car?).
- Les verbes de perception comme **hear, feel, see, watch** acceptent **ø** ou **ing** (ex. : I saw her cry/crying).
- Les verbes de commencement, de continuation ou d'arrêt comme **begin, start, stop, continue** et les verbes d'appréciation comme **hate, like, love, prefer** acceptent **to** ou **ing**. (ex. : I like to play the piano - I like playing the piano).

Let's go shopping !

Du vocabulaire sur le shopping, vous connaissez déjà le mot **shopping**. Well done, c'est un bon début ! Maintenant sauriez-vous dire **boucher, poissonnier, boulanger** ? Sauriez-vous vous débrouiller dans une boutique ? Nous allons le vérifier dans les exercices ci-dessous. Une petite blague avant de commencer : "Most men hate to shop. That's why the men's department is usually on the ground floor of a department store - two inches from the door" (Rita Rudner). Maintenant, c'est à vous !

6 Entourez la bonne réponse

1. Comment diriez-vous **combien ça coûte ?**
   a. how much is it?
   b. how many is it?
   c. how does it cost?
2. La caissière vous demande **do you have any change?** Elle veut savoir si :
   a. vous avez une carte de fidélité
   b. vous avez l'appoint
   c. vous payez par carte
3. **The sales** désigne :
   a. le stock b. les soldes c. les vendeurs
4. Aux États-Unis, la caissière vous demande **cash or charge?** Elle veut savoir si :
   a. vous avez une pièce d'identité
   b. vous avez une carte de fidélité
   c. vous payez en espèces ou par carte
5. Vous voulez demander un article dans une autre taille, vous dites :
   a. is it in other sizes?
   b. do you have another sizes?
   c. does it come in other sizes?

7 Les commerces : remplissez la grille suivante d'après les définitions ; pour vous aider, nous vous donnons la liste des mots à placer

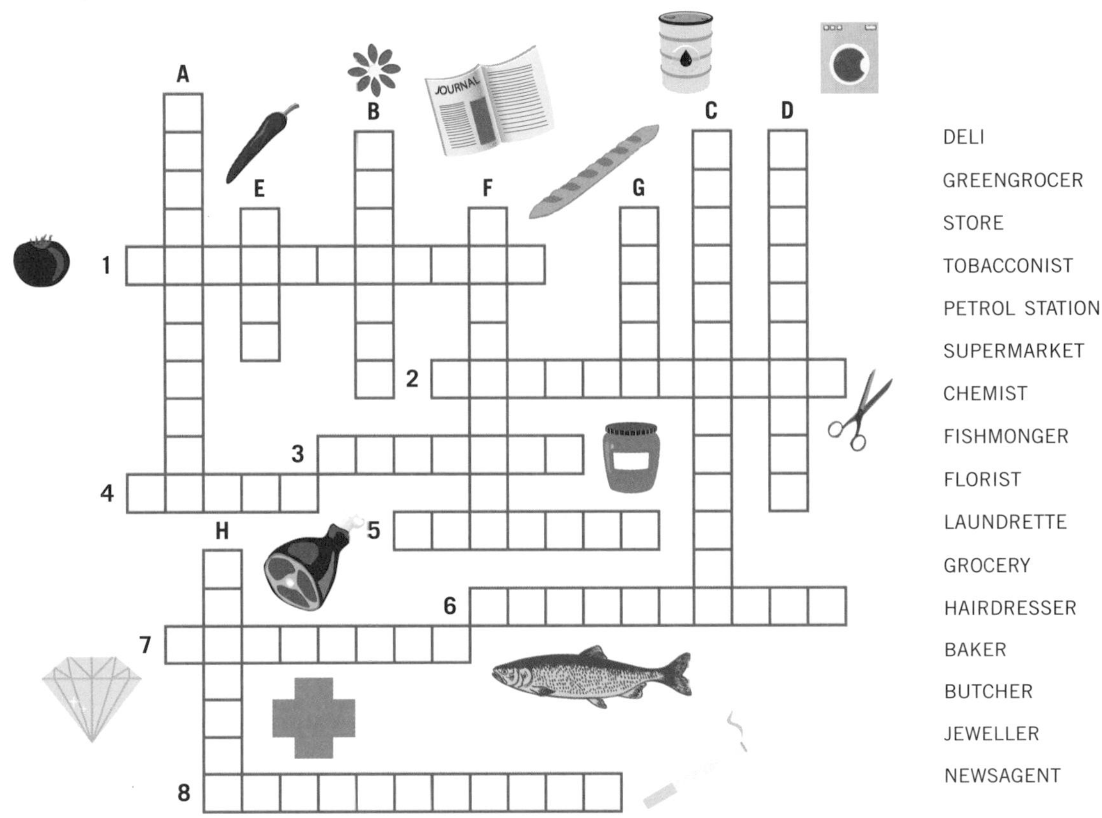

DELI
GREENGROCER
STORE
TOBACCONIST
PETROL STATION
SUPERMARKET
CHEMIST
FISHMONGER
FLORIST
LAUNDRETTE
GROCERY
HAIRDRESSER
BAKER
BUTCHER
JEWELLER
NEWSAGENT

Across

1. primeur
2. coiffeur
3. épicerie
4. grands magasins : "department..."
5. boucher
6. poissonnier
7. bijoutier
8. bureau de tabac

Down

A. supermarché
B. vend des fleurs
C. station-service
D. laverie automatique
E. traiteur ou épicerie fine
F. vend des journaux
G. boulanger
H. pharmacien

8 Après les noms de magasins, on ajoute en général une lettre, précédée d'une apostrophe : laquelle ? Complétez les phrases, puis entourez les magasins pour lesquels on ne l'ajoute pas

1. I need to go to the baker' ... .
2. Did you go to the butcher' ... ?
3. supermarket - chemist - florist - department store

 **Placez les mots suivants dans les deux textes** 

check-out, labels, order, trolley, items, cashier, delivered, basket, carrier, costs, buy, refund, customers, convenient, prices, send

1. *When you go shopping, you will need a .... or a .... bag if you do not have many things to buy. If you need to do your weekly shopping at the supermarket, you will need a .... Some .... are very careful about what they .... They read the .... and check .... , others see shopping as a real chore and want to do it as quickly as possible. When you are done with the shopping, you need to go to the .... Some of them are automatic now but many people still prefer to talk to a ....*

2. *Many people now shop online. Online shopping is .... as you do not need to move from your place. It can be done quickly too as you just click and put the .... you want into your shopping basket. The shipping .... are generally reasonable and your things are generally .... in just a few days. To place your .... you need to give your credit card number, that is why some people do not trust this kind of shopping. Online shopping can be a problem if you need to buy shoes and clothes because you can't try them on. As a consequence, you sometimes need to .... them back and ask for a ....*

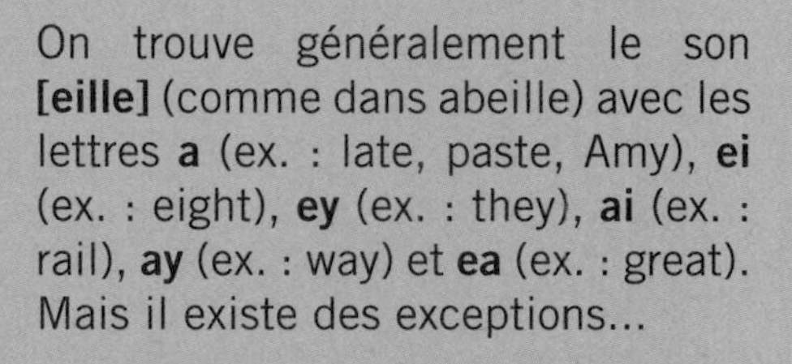

Le son [eille]

On trouve généralement le son **[eille]** (comme dans abeille) avec les lettres **a** (ex. : late, paste, Amy), **ei** (ex. : eight), **ey** (ex. : they), **ai** (ex. : rail), **ay** (ex. : way) et **ea** (ex. : great). Mais il existe des exceptions...

Just for fun: pour travailler la prononciation de ce son, vous pouvez répéter cette célèbre phrase de *My Fair Lady* : "The rain in Spain stays mainly in the plain".

10 Dans quel mot n'entend-on pas le son [eille] ? Barrez-le 

1. rain - many - favourite - lemonade
2. Spain - says - degrade - available
3. mainly - heritage - impatient - fail
4. delicate - delay - saying - amazing
5. blame - claim - marriage - foray

La graphie ea et le son [eille] (suite)

La graphie **ea** peut se prononcer **[è]** (ex. : head), **[eille]** (ex. : great), **[a]** (ex. : heart), **[i]** (ex. : read), **[ieu]** (ex. : fear), **[èeu]** (ex. : wear).

II Replacez les mots suivants sur la bonne ligne en fonction de la prononciation de la graphie ea dans chacun d'entre eux

breathe clean
PEAR breath SWEAT ahead
peasant treasure
ocean
swear steak bead year idea
bear hearth cleanse beard
create

Le **ea** se prononce comme dans :

1. head **[è]** : ....

2. great **[eille]** : ....

3. heart **[a]** : ....

4. read **[i]** : ....

5. fear **[ieu]** : ....

6. wear **[èeu]** : ....

7. autres : .... + ...

Bravo, vous êtes venu à bout de ce chapitre ! Il est maintenant temps de comptabiliser les icônes et de reporter le résultat en page 128 pour l'évaluation finale.

Autour de l'impératif, des ellipses et question tags

L'impératif

- **Formation :**
  – **à la forme affirmative :** base verbale seule aux 2e personnes du singulier et du pluriel (ex. : pars/partez ! → go!). Aux autres personnes, on utilise **let** + le pronom personnel **him/her, us,** ou **them** + base verbale (ex. : let her come → qu'elle entre / let us talk, let's talk → parlons / let them go to hell! → qu'ils aillent au diable !).
  – **à la forme négative :** don't/do not + base verbale aux 2e personnes du singulier et du pluriel (ex. : don't go → ne pars/ne partez pas). Aux autres personnes, on utilise **let** + pronom personnel **him/her, us, them + not** + base verbale (ex. : let her not speak → qu'elle ne parle pas / let's not be late → ne soyons pas en retard).
- **Utilisation :** comme en français, il sert à donner des ordres, à faire une suggestion ou à s'exclamer.

1 Remettez les mots dans l'ordre pour traduire les phrases suivantes

1. Allons au restaurant !	restaurant/us/the/let/to/go!	
2. Qu'ils se taisent !	quiet/let/be/them!	
3. Ne parlons pas de ça !	talk/us/about/not/that/let!	

2 Mettez les phrases suivantes à l'impératif

1. We go on holiday together. → ....
2. You do not give me orders. → ....
3. They arrive on time. → ....
4. We do not argue about silly things. → ....
5. He doesn't smoke in the building. → ....

Reprises et ellipses

- **Fonction :** elles servent à reprendre des propos de manière concise, pour ne pas répéter toute la phrase que l'on vient de prononcer.
- **Utilisations :**
  - pour répondre par **oui** ou par **non** à une question. En anglais, au **yes/no**, on ajoute le sujet + l'auxiliaire au temps de la phrase (ex. : do you like swimming? ➜ yes, I do / have you eaten yet? ➜ yes, I have / did you go to the cinema yesterday? ➜ no, I didn't).
  - en réponse à une invitation/proposition (ex. : how about going to the restaurant on Sunday? ➜ I'd love **to**).
  - pour traduire **je suppose/je pense/j'espère** (➜ I suppose **so**/I think **so**/I hope **so**).
  - pour traduire **moi aussi (toi aussi, lui aussi, etc.) ➜ so + auxiliaire ou modal + pronom** (ex. : I like tea, so does he / he has been to Berlin, so have I / I can swim, so can you) ; **moi non plus (toi non plus, etc.) = neither + auxiliaire ou modal + pronom** (ex. : you shouldn't come, neither should I / they didn't sleep last night, neither did I / I haven't done the shopping, neither have you).

3 Reliez chaque question à la réponse qui convient

1. Is it going to rain? •	• **a.** Yes, I have.
2. Have you got a pet? •	• **b.** No, she doesn't.
3. Will you come tonight? •	• **c.** I think so.
4. Does your sister smoke? •	• **d.** I'd love to.

4 Répondez aux questions suivantes en utilisant une réponse elliptique, comme dans les exemples

Ex. : Have you ever been to Japan? (no) ➜ No, I haven't.
Ex. : Is he married? (yes - think) ➜ Yes, I think so.

1. Did you go to the concert last night? **(no)** ➜ ....

2. Do you think the weather will be fine? **(yes - hope)** ➜ ....

3. Does she have a car? **(yes)** ➜ ....

4. Is he English? **(no)** ➜ ....

5 Reformulez les phrases suivantes en exprimant « moi non plus » ou « moi aussi » par une structure elliptique, comme dans les exemples

Ex. : She has a headache. I have a headache too. → so have I.
Ex. : I will not come. You will not come either. → neither will you.

1. You are sad. I am sad too. → ....
2. He has been to Japan. I have been too. → ....
3. She didn't sleep well last night.
   I didn't sleep well last night either. → ....
4. They can play the piano. I can play the piano too. → ....
5. You ate sushi for lunch. I ate sushi for lunch too. → ....

Question tags

- **Nature et fonction :**

Les **tags** sont de petits énoncés interrogatifs de fin de phrase, abondamment utilisés en anglais. Ils sont employés pour **demander confirmation** (sens = est-ce que oui ou non ?, c'est bien ça, non ?, si ?, hein ?).

- **Formation :**

Si l'**auxiliaire**, le **modal** ou le **verbe** est employé à la forme affirmative, celui-ci est repris à la forme négative. Il est repris à la forme affirmative s'il est à la forme négative. Dans les deux cas, on conserve le même temps et, s'il n'y a pas d'auxiliaire dans la phrase, on utilise **do** ou **did** pour reprendre le verbe, comme pour former une phrase affirmative ou négative normale (ex. : she's 40, isn't she? / you like coffee, don't you? / you didn't go to the party, did you? / she doesn't like porridge, does she? / you can swim, can't you?).

Cas particuliers

- **Les phrases avec have**

– **si have est auxiliaire** au present perfect, on utilise **have** pour le tag (ex. : she has been to Russia, hasn't she?).

– **si have est un verbe de possession**, on utilise **do** ou **did** pour le tag (ex. : we have plenty of time, don't we?).

– dans l'expression **have to**, qui signifie **must,** have fonctionne comme un verbe. On utilise donc **do** ou **did** pour le tag (ex. : she had to leave, didn't she?).

- **À savoir :**

– les mots comme **no, none, rarely, never** rendent la phrase négative, même si le verbe de la phrase est à la forme affirmative (ex. : she has no pets, does she?).

– après un impératif, on peut reprendre par **will you?** ou **would you?** pour demander à quelqu'un de faire quelque chose.

– le tag pour l'impératif **let's** est **shall we?**

6 Trouvez le tag qui convient

1. Pass me the salt, ... ?

2. She doesn't have a boyfriend, ... ?

3. He went on holiday to Brazil, ... ?

4. Let's go bowling tonight, ... ?

5. I guess she has no choice, ... ?

SI ? hein !
n'est-ce pas ?
non ?
PAS VRAI ?

Pays et nationalités

Rappel : les noms de pays ne sont pas précédés de l'article **the**, à part the United Kingdom, the USA, the Netherlands et the Lebanon. Dans notre grande bonté, nous vous rappelons que **la France** se dit **France**, pour le reste, à vous de jouer !

7 Remettez les lettres dans l'ordre afin de trouver les noms de pays suivants

1. Allemagne : **YRAMENG** ....

2. Espagne : **IPASN** ....

3. Japon : **NAJPA** ....

4. Turquie : **RUTEYK** ....

5. Norvège : **WROYNA** ....

9 Détachez les mots au bon endroit afin d'énumérer les pays du Royaume-Uni :

walesirelandenglandscotland

....

....

8 Entourez la bonne réponse

1. L'Italie = ...
   a. Itally b. Italia c. Italy

2. Quel pays se dit Austria ?
   a. l'Autriche
   b. l'Australie
   c. l'Islande

3. La Suisse = ...
   a. Swiss
   b. Switzerland
   c. Swisserland

4. Le Danemark = ...
   a. Denmark
   b. Danmark
   c. Denmarck

Les nationalités

- **Les adjectifs de nationalités**

Ils se terminent généralement par **sh/ch** (ex. : French, Irish, English), **ese** (ex. : Chinese, Burmese) ou **an** (ex. : American, German).

- **Les noms de nationalités**

Il existe trois grands types de désinences pour les former :

– **man/men** pour les adjectifs de nationalité se terminant par **sh/ch** (ex. : an Irishman, two Irishmen). Il existe cependant des exceptions qu'il faut apprendre (ex. : Poland ➜ Polish ➜ a Pole). Pour désigner un ensemble de personnes d'une certaine nationalité (les Anglais, les Chinois, etc.), on utilise l'adjectif de nationalité précédé de l'article **the** (ex. : the English, the French). Notez que l'on peut exprimer la même idée en ajoutant le nom **people** aux adjectifs de nationalité, mais **sans the** (ex. : English people, Chinese people).

– **an** pour les adjectifs qui se terminent par **an** (ex. : an Australian, a Canadian). Au pluriel, ces noms de nationalités prennent un **s** (ex. : Australians, Canadians).

– **ese** (ex. : a Chinese). Aucune modification n'est nécessaire pour décliner le pluriel (➜ the Chinese).

- **Remarques :**

– les noms et adjectifs de nationalités prennent une majuscule.

– quelques noms et adjectifs de nationalités ne suivent aucun des schémas ci-dessus, nous en croiserons quelques-uns dans les exercices ci-dessous.

10 Entourez la ou les bonne(s) réponse(s)

1. Duncan is from Edinburgh. He is...

a. a Scots **b.** a Scot **c.** Scotish **d.** Scottish

2. Someone coming from Denmark is...

a. a Danishman **b.** a Danish
c. a Dane **d.** a Danese

3. ... eat a lot of cabbage.

a. The German **b.** German people
c. The Germans **d.** Germanmen

4. Juan comes from Madrid. He is...

a. Spanish **b.** a Spaniard man
c. a Spaniard **d.** a Spanishman

5. "If ... gets run down by a truck he apologizes to the truck." (Jackie Mason, évoquant la politesse légendaire des Anglais)

a. an English **b.** an England man
c. an Englishman

11 Complétez les espaces avec as ou like

1. His sister looks .... the first lady.
2. She was hired .... a consultant.
3. I took two tablets a day, ... the doctor ordered. I feel better now.
4. You look beautiful, this dress fits you .... a glove.
5. He eats .... a horse!

As ou like ?

Pour faire une comparaison entre deux éléments et traduire **comme**, on utilise **as** ou **like**.

– **Like** exprime une **ressemblance**. On l'utilise devant un nom ou un pronom (ex. : he swims like a shark).

– **As** exprime une **identité** entre deux éléments. On l'utilise devant les propositions verbales (ex. : nobody sings as he does). Il s'emploie aussi pour préciser une **fonction** ou un **rôle** (→ en tant que...). Il fonctionne alors comme une préposition et s'utilise devant un nom (ex. : he worked as a shop assistant for two years).

Les graphies sh / ch

La graphie **sh** se prononce **[ch]** (ex. : shine, shoe) alors que **ch** se prononce **[tch]** (ex. : cheese, child).

12 Placez les mots suivants dans le tableau

chaussure - drap - frite - cheap - chop - ship - mouton - chew - cheat - boutique

FRANÇAIS / ANGLAIS	ANGLAIS / FRANÇAIS
1. bateau →	**6.** chip → ....
2. tricher →	**7.** sheet → ....
3. pas cher →	**8.** sheep → ....
4. émincer →	**9.** shop → ....
5. mâcher →	**10.** shoe → ....

Bravo, vous êtes venu à bout de ce chapitre ! Il est maintenant temps de comptabiliser les icônes et de reporter le résultat en page 128 pour l'évaluation finale.

8 Autour des noms

Le pluriel des noms

En général, les noms au pluriel prennent un **s**, comme en français. Mais il en existe quelques-uns, à connaître, dont le pluriel est irrégulier :

- certains changent de voyelle (ex. : foot ➜ feet)
- les noms se terminant en **x, s, sh** ou en **ch** prennent **es**, sauf les noms de nationalités (ex. : dish ➜ dishes)
- les noms se terminant en **y** ont un pluriel en **ies**, sauf si le **y** est précédé d'une voyelle (ex. : baby ➜ babies, mais key ➜ keys)
- les noms se terminant en **f, fe, lf** ont un pluriel en **ves** (ex. : knife ➜ knives)
- les noms se terminant en **o** ont un pluriel en **oes** (ex. : tomato ➜ tomatoes)
- de très **rares mots** ne prennent **pas de s** au pluriel (ex. : fish)
- certains mots sont singuliers en **français** mais pluriels en **anglais** (ex. : un short ➜ shorts)
- certains noms **en apparence pluriels** sont **suivis d'un verbe au singulier**. C'est notamment le cas des noms de disciplines finissant par **ics** (ex. : physics is not her favourite subject ➜ la physique n'est pas sa matière préférée / the news is good ➜ les nouvelles sont bonnes)
- certains noms **singuliers** se terminent par un **s** (ex. : the bike is a good means of transport)
- certains noms **singuliers** fonctionnent comme des **collectifs** et sont généralement suivis d'un **verbe pluriel** (ex. : the police are looking for the murderer)

1 **Écrivez le pluriel des noms suivants**

1. mouse : .... **2.** tooth : ....

3. goose : .... **4.** studio : ....

5. woman : .... **6.** leaf : .... **7.** lady : ....

8. wife : .... **9.** man : .... **10.** potato : ....

11. knife : .... **12.** child : .... **13.** wolf : ....

14. family : .... **15.** sheep : .... **16.** shelf : ....

Noms dénombrables et indénombrables

- La majorité des noms sont dits **dénombrables :** on peut les compter (ex. : one chair, two chairs, three chairs, etc.)
- Les noms **indénombrables** forment un ensemble : on ne peut pas les dénombrer (ex. : rain)

– sont indénombrables : les matières, matériaux et tissus (ex. : glass, iron, velvet), les aliments et denrées (ex. : milk, toast, meat, bread, fruit), les noms abstraits et les notions générales (fear, change, love, advice, evidence, progress, society), les noms qui ont un sens collectif (ex. : hair, furniture, luggage).

– ils ne sont **jamais utilisés** avec l'article indéfini **a/an** ni avec un chiffre, ils ne se mettent pas au pluriel, ne prennent donc **pas de s** et sont suivis d'un verbe au singulier (ex. : ses cheveux sont gris ➜ his hair is grey). Pour isoler une unité d'un indénombrable, on emploiera des expressions comme **a piece of, a mode of, a kind of, a type of** ou un quantitatif comme **some, little** ou **much** (ex. : a piece of advice, some furniture, a lock of hair, a type of leather).

2 Quelles phrases sont incorrectes, dans la liste suivante ? Entourez-les

1. I had a fruit for dessert.
2. My pant is too large.
3. Her favourite class is economic.
4. This piece of equipment is old.
5. The toasts are delicious.
6. The rubbish is collected twice a week.
7. He showed a remarkable honesty.
8. I had three chewing-gums today.
9. There isn't much furniture in his flat.
10. I love sushi.
11. My luggages are heavy.
12. His politics is rather left-wing.

3 Reliez chaque expression à l'indénombrable qui lui correspond

1. a bar of •   • a. trousers
2. a slice of •   • b. grapes
3. a pair of •   • c. chocolate
4. a bunch of •   • d. salt
5. a pinch of •   • e. bread

4 Entourez la ou les bonne(s) réponse(s)

1. a. the pastas are good
   b. the pasta are good
   c. the pasta is good
2. The police have...
   a. two pieces of evidence
   b. an evidence
   c. evidences

Le vocabulaire du corps et de la santé

Vous vous souvenez certainement du mot **body**, qui signifie **corps**. Mais vous souvenez-vous des parties du visage et du corps ? Une petite blague avant de passer aux choses sérieuses : "If your feet smell and your nose runs, you're built upside down." Maintenant, à vous de jouer !

5 Annotez les schémas à l'aide des mots fournis

A.

neck / eye / cheek / nose / chin / mouth / hair / forehead / ear / throat

1 ....
2 ....
3 ....
4 ....
5 ....
6 ....
7 ....
8 ....
9 ....
10 ....

B.

foot / knee / head / shoulder / arm / chest / belly / fingers / hand / leg

1 ....
2 ....
3 ....
4 ....
5 ....
6 ....
7 ....
8 ....
9 ....
10 ....

6 Détachez les mots au bon endroit pour trouver la traduction des mots suivants, puis réécrivez les mots anglais au propre, dans l'ordre des traductions

infirmière / tousser / fièvre / rhume / cachet / médecin / malade / ordonnance / grippe / santé

coldprescriptionflutabletphysicianfeverhealthsickcoughnurse

....

....

7 Entourez la bonne réponse

1. Vous avez mal à la gorge : my...
   a. thraot is soar b. throat is sore
   c. throught is sour
2. Vous avez mal à la tête :
   a. My head makes bad.
   b. I have a bad head.
   c. I have a headache.
3. Votre nez coule : my nose is...
   a. butched b. heavy
   c. stuffed d. running
4. Vous avez mal à l'oreille : my ear...
   a. is ache b. hurts c. hearts d. pains
5. Vous avez mal au dos. Quelle proposition est incorrecte ?
   a. I've got a backache.
   b. I've got a pain in my back.
   c. My back hurts.
   d. My back makes pain.

8 Trouvez la signification des acronymes suivants

1. **G.P.**
   a. General Practitioner
   b. Gynaecological Practice
   c. Genetic Profile
2. **TB**
   a. Tissue Biopsy
   b. Temporary Paralysis
   c. Tuberculosis
3. **AIDS**
   a. Acquired Immunodeficiency Syndrome
   b. Anaemia, Infection, Depression and Stress
4. **STD**
   a. Symptoms of Traumatic Disorder
   b. Sexually Transmitted Disease
5. **DNA**
   a. Deoxyribonucleic Acid
   b. Dehydration, Nausea and Amnesia

British ou Yankee ?

La différence entre l'**anglais british** et l'**anglais américain** est très sensible à l'oral. Il existe par ailleurs des différences orthographiques. Les mots se terminant en **our** en anglais se terminent en **or** en américan (ex. : neighbor, color, favorite) par exemple. Mais il faut avant tout savoir que les différences commencent avec le vocabulaire lui-même, comme vous allez le voir en réalisant les exercices suivants.

9 Reconstituez les paires de mots anglais/américains en plaçant les éléments suivants dans le bon groupe (respectez la place de chaque mot équivalent)

holiday
fall
flat
cookies
truck
subway
cab

ANGLAIS

autumn
lorry
....
biscuits
underground
....
taxi

AMÉRICAIN

....
....
apartment
....
....
vacation
....

10 Trouvez les mots anglais ou américains en vous aidant des indices

	Équivalent anglais	Indice	Équivalent américain
1.	shop	ST • • E	
2.	jumper	SW • • • ER	
3.	football	SO • • ER	
4.	stupid	DU • •	
5.		• • GRY	mad

11 Reliez les mots anglais à leurs équivalents américains

1. bill •
2. lift •
3. trainers •
4. film •
5. chips •

• a. check
• b. movie
• c. elevator
• d. French fries
• e. sneakers

Le son [o]

Peuvent se prononcer **[o]** les graphies suivantes : **aw, au, or, a, ou, oar, oo** (ex. : raw, taught, daughter, born, war, roar, bought, door). Mais cela n'est pas systématique...

12 Dans quel mot n'entend-on pas le son [o] ? Barrez-le

1. torn - soar - wood - corn
2. laugh - caught - fought - board
3. scorn - favour - boar - floor
4. thorn - thought - law - flour

13 Entourez les quatre mots dans lesquels on entend le son [o]

FOOL awful born
out sought wolf

Le son [ou]

On retrouve généralement le son **[ou]** avec les graphies suivantes : **ew** (ex. : flew), **oo** (ex. : spoon), **ue** (ex. : blue), **ui** (ex. : fruit), **ou** (ex. : group), **u** (ex. : flu), **oe** (ex. : shoe). Mais cela n'est pas systématique...

14 Chassez l'intrus

1. cook - look - full - hour
2. zoo - crew - bubble - true
3. cool - glue - suit - toe
4. soup - flood - rude - cruise

15 Entourez les cinq mots dans lesquels on entend le son [ou]

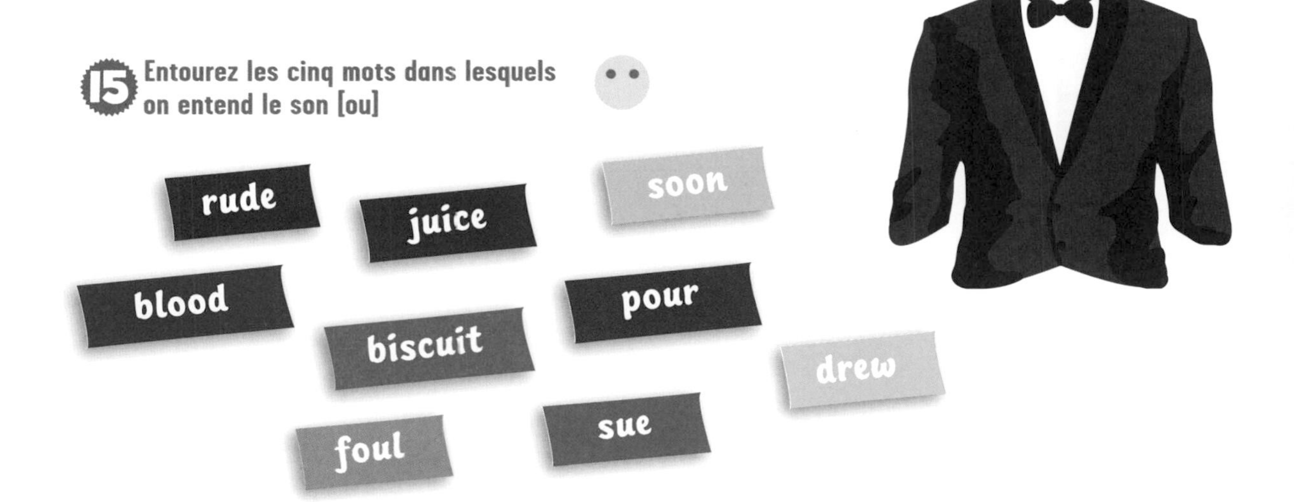

16 Vrai ou faux ? Lisez les propositions et cochez chaque fois la bonne case

1. **drew** rime avec **you** et **blue**.	☐ VRAI	☐ FAUX
2. **put** rime avec **cut**.	☐ VRAI	☐ FAUX
3. **flour** rime avec **sour** et **hour**.	☐ VRAI	☐ FAUX
4. On entend le son [ou] dans **pool** et **pull**.	☐ VRAI	☐ FAUX

Bravo, vous êtes venu à bout de ce chapitre ! Il est maintenant temps de comptabiliser les icônes et de reporter le résultat en page 128 pour l'évaluation finale.

9

Autour des articles

On ne met pas d'article (Ø) devant...

... les **pluriels désignant une généralité** (ex. : I'm afraid of snakes), les **indénombrables** (comme life, water, bread, wood, etc.) **qui expriment une idée générale** (ex. : love is complicated / wood is used to make furniture), les **noms propres** et les **titres officiels** (ex. : President Obama, Queen Elizabeth), les **noms de pays** (ex. : France, Germany, etc.) **sauf** the United Kingdom, the USA, the Netherlands et the Lebanon, les **lieux** et les **noms d'institution** considérés dans leur fonction (ex. : school, hospital, work, prison, home), les **objets numérotés** (ex. : page 50), les **sports** (ex. : I played football when I was a child), les **expressions avec all** (ex. : all day, all night long), **last** et **next** (ex. : I went to China last year).

1 Choisissez et cochez la bonne réponse

1. It's cold today. Don't leave the house without ... coat. ☐ Ø ☐ a ☐ the
2. ... animals are not allowed in the building. ☐ Ø ☐ the
3. They are getting married. What ... wonderful surprise! ☐ Ø ☐ a ☐ the
4. It would be impossible to live without ... Internet today. ☐ Ø ☐ the
5. His wife doesn't have ... sense of humour. ☐ Ø ☐ a ☐ the

2 Complétez les traductions suivantes à l'aide d'un article ou notez Ø

1. Ton papa est-il là ?
➜ Is your dad .... home?

2. Paul a acheté une voiture la semaine dernière.
➜ Paul bought a car .... last week.

3. Je vais travailler en métro.
➜ I take .... underground to go to work.

4. Elle déteste marcher sous la pluie.
➜ She hates to walk in .... rain.

L'article the s'utilise...

... quand on parle d'un **objet connu ou déductible** en contexte (ex. : where is the cat? ➜ le mien, le nôtre), avec des **choses faisant partie de l'expérience de chacun** (ex. : the bus, the dentist), devant les noms d'**éléments naturels** (ex : the weather, the sun), avec les **formes de divertissement** (ex. : the theatre, the cinema, the radio, sauf Ø television), avec les **inventions scientifiques** (ex. : the computer has become vital), les **instruments de musique** (ex. : he plays the guitar).

On met l'article indéfini "a"...

... quand on parle d'un **objet non connu ou identifié** (ex. : I need a knife ➜ n'importe lequel, pas un en particulier), devant les **noms de métiers, de statuts et de fonctions** (ex. : she is a teacher / he is here as an official / don't use your knife as a toothpick), devant certaines « **caractéristiques** » comme la religion (ex. : a Catholic, a vegetarian, a lesbian), dans les **expressions « sans + nom »** (ex. : it's hard to live without a car ➜ c'est dur de vivre sans voiture), dans les **expressions exclamatives** (ex. : it's such a beautiful car! / what a nice car!), dans **certaines expressions à apprendre** (ex. : to be in a coma, to make a fire, etc.).

3 Trouvez les erreurs et réécrivez correctement

1. Her husband is an architect. What beautiful house they have!

   ➜ ....

2. The baby has fever, he cried all the night.

   ➜ ....

3. The religion can be a problem in couples. His mother doesn't like that his wife is a Protestant.

   ➜ ....

4. We're in the room 35.

   ➜ ....

5. The chocolate that we bought yesterday is delicious. I love the milk chocolate.

   ➜ ....

4 Complétez les phrases suivantes en plaçant les articles Ø, a(n) ou the

1. She plays .... piano.
2. .... President Kennedy was killed in Dallas.
3. I can't play .... tennis.
4. I generally don't like .... glasses but I love .... glasses you're wearing.
5. **Just for fun:** "I can resist everything except .... temptation." (Oscar Wilde)

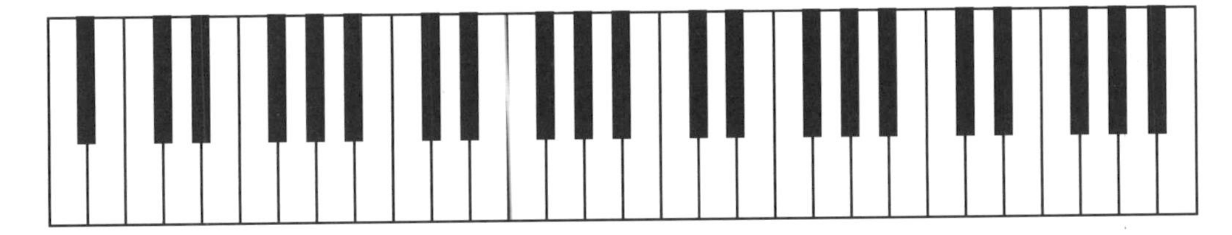

Proverbes et expressions courantes

Confondez-vous **I don't mind** et **I don't care** ? Que signifient **You can't have your cake and eat it, Bless you, Never mind, What a pity** ? Vous avez déjà certainement entendu ces expressions idiomatiques, mais vous rappelez-vous leur signification ? C'est le moment de faire le point !

5 Trouvez le ou les équivalent(s) des expressions ci-dessous

1. En un clin d'œil
- **a.** An eye for an eye
- **b.** In a pig's eye
- **c.** In the blink of an eye
- **d.** Easy on the eye

2. Simple comme bonjour
- **a.** As easy as ABC
- **b.** Easy come easy go
- **c.** Easy touch
- **d.** As easy as pie

3. C'est dans la poche
- **a.** It's in the bag
- **b.** It's in the pocket
- **c.** It's a no-loser
- **d.** It's a raw deal

6 Reliez les proverbes suivants à leur équivalent français

1. Like father like son •
2. That's the way the cookie crumbles •
3. Better safe than sorry •
4. To be in a pretty pickle •
5. You can't have your cake and eat it •

- • **a.** Mieux vaut prévenir que guérir
- • **b.** On ne peut pas avoir le beurre et l'argent du beurre
- • **c.** Être dans de beaux draps
- • **d.** C'est la vie
- • **e.** Tel père tel fils

7 Placez les mots suivants afin de reconstituer ces cinq proverbes

camel
tea
bush
way
fish

Proverbe anglais	Équivalent français
1. Where there's a will there's a	Quand on veut, on peut
2. There are plenty of .... in the sea	Un de perdu, dix de retrouvés
3. For all the .... in China	Pour tout l'or du monde
4. It's the straw that breaks the .... 's back	C'est la goutte d'eau qui fait déborder le vase
5. To beat about the	Tourner autour du pot

8 Trouvez les lettres manquantes afin de reconstituer les proverbes suivants

Proverbe anglais	Équivalent français
1. To paint the town r _ _	Faire la bringue
2. Boys will be b _ _ s	Il faut que jeunesse se passe
3. Practice makes per _ _ ct	C'est en forgeant que l'on devient forgeron
4. It's just p _ _ in the sky	Ce ne sont que des paroles en l'air

9 Trouvez la bonne traduction

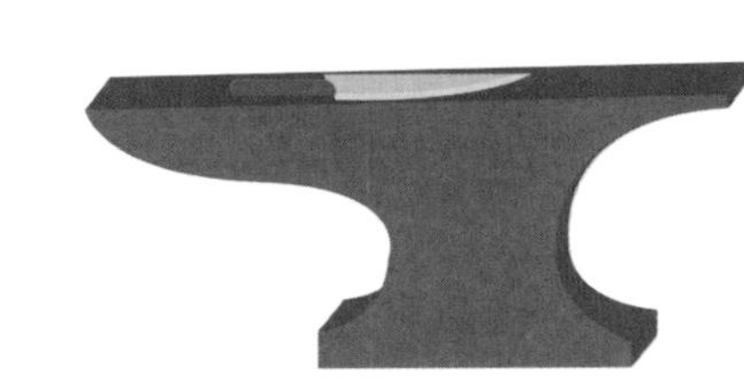

1. Bless you!
- **a**. À tes souhaits !
- **b**. Tu me manques !
- **c**. Dégage !

2. I'm positive.
- **a**. Je suis optimiste.
- **b**. Je suis d'accord.
- **c**. Je suis sûr et certain.

3. To give a hand.
- **a**. Accepter en mariage.
- **b**. Aider.
- **c**. Gifler.

4. Cela ne me dérange pas.
- **a**. I don't matter.
- **b**. I don't care.
- **c**. I don't mind.

5. Je n'en ai rien à faire.
- **a**. I don't matter.
- **b**. I don't care.
- **c**. I don't mind.

10 Reliez les expressions courantes à leur équivalent français

1. Look out! •	• **a**. Ça fait un bail !
2. Never mind! •	• **b**. J'en ai ras le bol !
3. I'm fed up! •	• **c**. Quel dommage !
4. What a pity! •	• **d**. Attention !
5. Long time no see! •	• **e**. Tant pis !

Le vocabulaire du voyage et des vacances

Le verbe voyager se dit **to travel**. Le mot **travel** est un indénombrable (on ne peut donc pas dire *a* travel pour traduire un voyage). On utilise alors **a trip** (pour un voyage plutôt court) ou **a journey** (pour un voyage plutôt long). Pour dire que l'on fait un voyage, on peut soit employer l'expression **to make/to take a journey/trip**, soit **to go on a journey/trip**.

11 Placez les mots suivants dans les deux textes

travel, airport, train, departure, luggage, ticket, plane, flight, passport, check, hotel, rent, guide, map, museums, castles, monuments, postcards, bike, foot, guesthouse, sightseeing, travel agency, package, camping

1. *You can .... for work or for pleasure, by car, by .... or by .... If you go abroad, you'll need a .... and will generally fly there. You can buy your .... online. You'll need to get to the .... a few hours before the .... , to register your .... and go through the security .... Let's hope you won't get sick during the .... !*

2. *When going on holidays, those who do not want to book a .... or deal with transport go to a .... and choose a .... holiday. Those who like Nature generally go .... and sleep in a tent. Many people go .... , which means that they want to see all the interesting places like .... , ... , and .... They generally .... a car, or they just go by .... or on .... and visit the places with a .... book and a street .... To show their families and friends what they are visiting, people like to send .... Hotels are sometimes seen as a bit cold and impersonal, that's why more and more people like to stay at a ....*

12 Barrez l'intrus

1. food - door - moose - too

2. mood - blood - goose - wood

3. floor - book - good - soot

La graphie oo

La graphie **oo** peut se prononcer **[ou]** (ex. : school), **[o]** (ex. : door) et, plus rarement, **[a] fermé** comme dans duck (ex. : flood).

13 Placez les mots suivants selon la prononciation des lettres ou

courage announce journal SOUTH young soup your couple course trouble account you brought pour enormous tourist country

La graphie ou

La graphie **ou** peut se prononcer **[ao]** (ex. : thousand), **[o]** (ex. : four), **[ou]** (ex. : group), **[a] fermé** (ex. : enough), **[euo]** (ex. : although), **[eu]** (ex. : journey).

Le **ou** se prononce comme dans :

1. thousand **[ao] :** ....

2. four **[o] :** ....

3. group **[ou] :** ....

4. enough **[a fermé] :** ....

5. journey **[eu] :** ....

14 Vrai ou faux ? le groupe de lettres ou se prononce de la même façon dans...

1. courage - double - trouble ☐ VRAI ☐ FAUX

2. about - shout - mouse ☐ VRAI ☐ FAUX

3. through - resource - youth ☐ VRAI ☐ FAUX

Bravo, vous êtes venu à bout de ce chapitre ! Il est maintenant temps de comptabiliser les icônes et de reporter le résultat en page 128 pour l'évaluation finale.

Autour des quantificateurs

Les quantificateurs

Comme leur nom l'indique, les quantificateurs servent à indiquer une quantité. Pour choisir le bon, il faut savoir si le nom est un dénombrable **(dén.)** ou un indénombrable **(indén.)**.

- **pas de, aucun : not any/no + dén. ou indén.** (ex. : I have no money - I don't have any money / I have no pets - I don't have any pets)
- **peu de : little + indén.** (ex. : there's little milk left) ou **few + dén. pluriel** (ex. : few shops sell this type of coffee)
- **quelques, un peu de : a little + indén.** (ex. : I like a little cheese on pasta) ou **a few + dén. pluriel** (ex. : he ate a few cookies)
- **de, du, de la, des : some + dén. ou indén.** à la forme affirmative (ex. : I need some fruit to make a salad), **any + dén. ou indén.** aux formes interrogatives et négatives (ex. : do you have any brothers and sisters? / I don't have any money)
- **beaucoup de/plein de : much/a lot of + indén.** (ex. : I have much/a lot of work), **many/a lot of/lots of + dén. pluriel** (ex. : she has many cats / there were lots of people at the concert) ou **plenty of + dén. ou indén.** (ex. : there are plenty of irregular verbs)
- **tout le/tous les/tout : all the + indén.** (ex. : I drank all the water), **all (the) + dén. pluriel** ou **every + dén. singulier** (ex. : all my friends are married / I need to take two tablets every hour)
- **trop de : too much + indén.** (ex. : don't put too much sugar in my coffee, please) ou **too many + dén. pluriel** (ex. : there are too many books to read!)

1 Entourez les erreurs qui se sont glissées dans les phrases suivantes

1. I need any milk.
2. I have little time, only a few minutes.
3. Do you have some change?
4. I need a few chairs.
5. Have you seen anyone you know?
6. He doesn't have some friends.
7. I'd like a little peanuts and a little water.
8. We have plenty of time.
9. The children have had too much sweets.
10. She always has a lots of cash in her bag.

2 Placez à l'endroit qui convient les quantificateurs : some - many - any - a little

1. "With .... help from my friends" is a song by the Beatles.
2. How .... people have you invited?
3. This cake looks delicious. I'd like ....
4. Is there .... news?

Autres déterminants de quantité

- **tout/entier : all the + dén. ou indén. singulier ou pluriel** ou **a/the whole + dén. singulier** (ex. : I ate all the sweets / I ate all the cake / I ate the whole cake)
- **les deux : both** ou **the two. Both** (→ tous les deux, à la fois) rassemble, alors que **the two** différencie (ex. : the two sisters are very different / both sisters speak Chinese).
- **plusieurs : several + dén. pluriel** (ex. : many people have several cars nowadays)
- **assez : enough**. En tant qu'**adjectif**, il se place avant le nom (ex. : there is not enough water / there are not enough chairs). En tant qu'**adverbe**, il se place après l'adjectif (ex. : this beer is not cold enough).
- **la moitié : half (of) the + dén. pluriel ou singulier ou indén.** (ex. : half (of) the people interviewed had no opinion / half (of) the information was wrong)
- **un/une autre : another + dén.** (ex. : these apples are delicious, I'd like another one).
- **ou (bien) ... ou (bien) : either ... or + dén. ou indén.** (ex. : you can have either cheese or cookies)
- **ni ... ni : neither ... nor + dén. ou indén.** (ex. : I'm not very hungry, I want neither cheese nor cookies)

3 Placez les quantificateurs suivants au bon endroit : too much, all, enough, a few, no

1. The Police have .... information to catch the killer.

2. There are .... slices of pizza left in the fridge.

3. She watches TV .... the time.

4. The acronym T.M.I. means "..................... information".

5. Don't worry. There is .... cause for alarm.

4 Les quantificateurs ont été entourés car placés au mauvais endroit. Tracez une flèche à partir des cercles bleus pour rediriger chacun vers la bonne phrase

1. We'll never be ready. We don't have (all) time.

2. Would you like (enough) beer ?

3. Don't believe (both) the things she says !

4. I can't choose. I like (another) cars.

5 Complétez les phrases en plaçant les éléments suivants à l'endroit qui convient

many / both / the whole / either... or / every / several / plenty of / half

1. You can have .... cheese .... dessert, not ....
2. I know they have .... children but I can't remember how .... exactly. I think they have three.
3. I was so hungry I ate .... cake and .... of the watermelon all by myself.
4. .... driver should know how to change a wheel.
5. Stay for dinner, I've made .... food!

Nombres et mesures

One hundred ou **one thousand** ? **Fifty** ou **fifteen** ? Comment prononcer **1995** ? Combien représente **un mile, une pinte** ? Les nombres et les mesures donnent souvent du fil à retordre. Les exercices suivants vont vous faire faire des révisions !

6 Répondez aux questions suivantes

1. Terminez d'écrire les nombres suivants :
   a. **30 → thir** ....
   b. **13 → thir** ....
2. a. **100 → one** ....
   b. **1000 → one** ....
3. **1956** se dit :
   a. ninety fifty-six
   b. nineteen fifty-six
   c. nineteen fifteen-six
4. Comment se dit **30,000** ?
   a. thirty
   b. thirty thousands
   c. thirteen thousands
   d. thirty thousand
5. Comment dit-on **3.5** ?
   a. three dot five
   b. three point five
   c. three spot five
6. Comment dit-on **205** dans la phrase "there were 205 people in the room" ?
   a. two o five
   b. two hundred and five
   c. two hundred five
7. Un des énoncés suivants comporte une erreur, trouvez-la :
   a. there were two thousands people at the concert
   b. thousands of soldiers were killed in this war
8. Comment dit-on **7.2 %** ?
   a. seven point two percent
   b. seven dot two percents
   c. seven point two pourcents
9. Comment dit-on **2005** ?
   a. two thousand and five
   b. two thousand five
   c. twenty thousand five

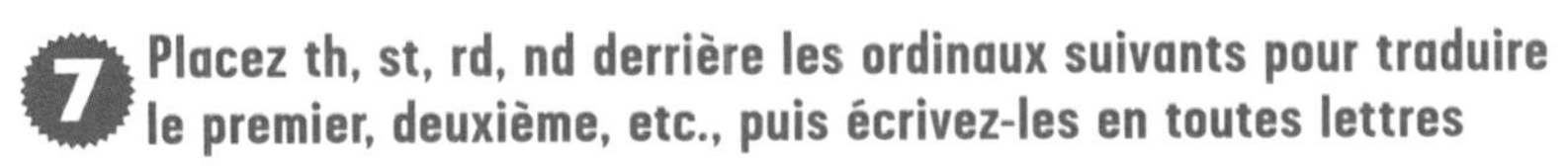

7 Placez th, st, rd, nd derrière les ordinaux suivants pour traduire le premier, deuxième, etc., puis écrivez-les en toutes lettres

	Français	Abréviations anglaises	Anglais, en lettres
1.	le 1er	the 1.......	the ....
2.	le 2e	the 2.......	the ....
3.	le 3e	the 3.......	the ....
4.	le 12e	the 12.......	the ....
5.	le 18e	the 18.......	the ....

8 Choisissez la bonne réponse parmi toutes les mesures suivantes

1. 1 mile correspond à...

a. 1 km
b. 1,6 km
c. 160 m
d. 16 km

2. 1 inch correspond à environ...

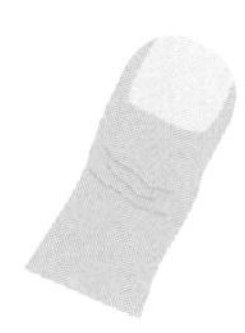

a. 2,5 cm
b. 50 cm
c. 25 cm
d. 2,5 m

3. 1 foot correspond à environ...

a. 3,5 cm
b. 3,5 m
c. 350 m
d. 30,5 cm

4. À combien correspond 1 pound ?

a. environ 4,5 kg
b. environ 450 g
c. environ 45 g

5. Une English pint représente environ...

a. 25 cl
b. 55 cl
c. 33 cl
d. 1 l

6. One gallon équivaut à environ...

a. 40 l
b. 4 l
c. 40 cl

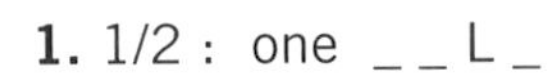

9 Traduisez en complétant les mots ou en entourant la ou les bonne(s) réponse(s)

1. 1/2 : one _ _ L _
2. 1/3 : one _ H _ _ D
3. 1/4 : one Q _ A _ T _ R
4. 1/10 : one _ _ N T _

5. Un sur trois (comme dans la phrase « un enfant sur trois mange à la cantine ») :
a. one on three
b. one out of three
c. one in three

10 Lisez le texte des bulles et répondez aux questions

My phone number is
one, o six o, eight nine o, seven
o -ve three and my email
address is blue haired john
at gmail dot com

1. Écrivez en chiffres le numéro de téléphone de John : ....
2. Écrivez son adresse email : ....

My phone number is
02 00 22 96 09.
My email address is
CTboy@hotmail.com

3. Écrivez le numéro de téléphone de Tom tel qu'il se prononce à l'oral :

....

4. Écrivez son adresse emai telle qu'elle se prononce à l'oral :

....

11 Complétez le tableau : remettez les lettres majuscules dans l'ordre pour traduire les mots suivants

1.	une fois	EONC	
2.	deux fois	IETWC	
3.	trois fois	THREE SEMIT	
4.	cinq fois	VIEF ITSME	
5.	vingt fois	WTETYN MESTI	

La lettre u et le son [u]

La lettre **u** se prononce parfois **[a] fermé** (ex. : duck), **[ou]** (ex. : put), **[eu]** (ex. : focus), **[you]** (ex. : unite). La graphie **ur** peut se prononcer **[youeu]** (ex. : pure) ou **[eu]** (ex. : Arthur, surface)

12 Placez les mots suivants, en fonction de la prononciation de la lettre u

bull universal urban SECURE jury urge nut virus bury unique figure luck immature cure full bonus university OCCUR summer sun

La lettre **u** se prononce comme dans :

1. put **[ou] :** ....

2. duck **[a fermé] :** ....

3. unite **[you] :** ....

4. focus **[eu] :** ....

Le **ur** se prononce comme dans :

5. Arthur **[eu] :** ....

6. pure **[youeu] :** ....

Un mot a une prononciation à part :

7. ....

13 Entourez les mots dans lesquels la lettre u ne se prononce pas

biscuit useful fortunate January guess universal build luggage buy guardian

Bravo, vous êtes venu à bout de ce chapitre ! Il est maintenant temps de comptabiliser les icônes et de reporter le résultat en page 128 pour l'évaluation finale.

Autour du comparatif et du superlatif

Le comparatif (plus que..., moins que...)

Il existe 4 types principaux de comparatif :

- **Le comparatif d'infériorité (moins ... que) : less** + adjectif long + **than** (ex. : my car is less expensive than yours) ou **not so/not as** + adjectif court ou long + **as** (ex. : your car is not as cheap as mine)
- **Le comparatif d'égalité (aussi ... que) : as** + adjectif long ou court + **as** (ex. : Amy is as pretty/talkative as her sister)
- **Le comparatif de supériorité (plus ... que) : more** + adjectif long + **than** (ex. : this film was more interesting than I thought) ou adjectif court + **er** + **than** (ex. : this exercise is easier than the previous one)
- **Le comparatif double**, qui sert à exprimer :
  - **de plus en plus : more and more** + adjectif long (ex. : petrol is more and more expensive) ou adjectif court + **er** + **and** + adjectif court + **er** (ex. : computers are cheaper and cheaper)
  - **de moins en moins : less and less** + adjectif court ou long (ex. : he is less and less shy/careful)

À noter : il existe quelques adjectifs dont le comparatif de supériorité est irrégulier. Les deux principaux sont **well/good (better)** et **bad (worse)**.

Remarque : on considère comme courts les adjectifs d'une syllabe et ceux de deux syllabes qui se terminent par **le**, **y**, **er**, **ow** (ex. : nice, kind, shy, narrow, noisy, clever, noble).

1 Utilisez le comparatif qui convient, sans oublier than/as si nécessaire

1. You're driving too fast, you should be .... **(+ careful)**
2. This concert was .... the one we went to last year. **(– spectacular)**
3. My computer is .... yours. **(+ old)**
4. The problem is not .... it seems. **(= serious)**
5. Statistics show that it's .... to travel by plane than by car. **(– dangerous)**

2 Formez le comparatif double qui convient

1. He has put on a lot of weight. He looks ....
(de + en + ; big)

2. He no longer likes his job. He is .... **(de – en – ; motivated)**

3. I am .... I really need a holiday.
(de + en + ; tired)

4. Things are improving. They are getting ....
(de + en + ; good)

Le superlatif (le plus, le moins...)

Il en existe deux types :

- **Le superlatif d'infériorité (le moins...) : the least** + adjectif court ou long (ex. : this is the least interesting/long article I've ever read)
- **Le superlatif de supériorité (le plus...) : the** + adjectif court + **est** (ex. : this is the nicest restaurant in town) ou **the most** + adjectif long (ex. : he is the most annoying person I've ever met)

À noter : les quelques adjectifs dont le comparatif de supériorité est irrégulier ont également un superlatif irrégulier **(well/good → the best ; bad → the worst)**.

3 Utilisez la forme de superlatif qui convient

1. Don't go there, it's the .... pub in all Dublin. **(bad)**

2. This film was not a success. In fact, it was the ....
of all. **(successful)**

3. Mr Burns is the .... man in Springfield. **(rich)**

4. You never know what she's thinking. She is the ....
woman I know. **(mysterious)**

5. My stay in Venice was wonderful. It was the .... time
of my life. **(happy)**

4 Remettez les éléments dans l'ordre afin de reconstituer la traduction des phrases suivantes

1. ambitious/he/know/is/least/the/man/I.
   (C'est l'homme le moins ambitieux que je connaisse)

→ ....

2. up/earlier/I/wake/earlier/and.
   (Je me réveille de plus en plus tôt)

→ ....

3. world/snake/most/this/in/dangerous/the/is/the.
   (C'est le serpent le plus dangereux du monde)

→ ....

4. refined/as/sparkling/not/wine/is/as/champagne
   (Le vin pétillant n'est pas aussi raffiné que le champagne)

→ ....

Proverbes

Connaissez-vous les équivalents anglais de « tous les 36 du mois », « myope comme une taupe » ? Bien sûr, vous n'auriez pas le réflexe d'aller chercher les mots « myope » et « taupe » dans le dictionnaire... si ?! Alors il est temps de vous rappeler que les proverbes et expressions idiomatiques ne sont pas traduisibles mot à mot mais qu'ils ont généralement un équivalent qu'on connaît... ou pas. À vos stylos !

5 Séparez les mots au bon endroit pour découvrir des expressions imagées courantes, puis reportez-les au propre, en procédant comme dans l'exemple

	Indices visuels	Mots à séparer + traduction	Expressions anglaises
Ex.	DAY DAY	day/in/day/out = à longueur de journée	day in, day out
1.	once	onceinabluemoon = tous les 36 du mois	
2.		asblindasabat = myope comme une taupe	
3.		letthecatoutofthebag = vendre la mèche	
4.		sixfeetunder = (être) mort	

Adjectifs et verbes courants

Connaissez-vous les verbes et les adjectifs anglais les plus courants ? Vous hésitez après "I am..." ou pire, après "I..." ? Si vous présentez ce symptôme, le diagnostic est sans appel : vous ne connaissez pas assez de verbes et d'adjectifs pour vous débrouiller ! Le remède : faire les exercices suivants.

6 Placez les adjectifs suivants à côté de leur définition

funny - angry - handsome - beautiful - proud - cheerful

1. Causing laughter ➜ ....
2. Having excessive self-esteem ➜ ....
3. Good-looking (for a man) ➜ ....
4. Good-looking (for a woman) ➜ ....
5. Happy, enthusiastic ➜ ....
6. Furious, irritated ➜ ....

7 Détachez les syllabes au bon endroit pour trouver la traduction anglaise des adjectifs suivants, puis réécrivez-les au propre, dans l'ordre des traductions

désolé - égoïste - ennuyeux - paresseux - généreux

sorryboringgenerouslazyselfish

➜ ....

8 Remettez les lettres dans l'ordre pour trouver la traduction des adjectifs suivants

1. timide : **YSH** ....
2. seul : **ELONYL** ....
3. calme : **TIQUE** ....
4. gentil : **DINK** ....
5. grossier : **DURE** ....
6. bavard : **TIVEAKLAT** ....

9 Que signifient les adjectifs suivants ? Entourez la bonne réponse

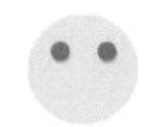

1. **easy-going**
   - a. praticable (route)
   - b. qui se passe bien (événement)
   - c. facile à vivre (personne)
2. **disappointed**
   - a. désavantagé
   - b. déçu
   - c. déconcerté
3. **moody**
   - a. lunatique
   - b. en bois
   - c. lunaire
4. **clumsy**
   - a. bruyant
   - b. verdoyant
   - c. maladroit
5. **careless**
   - a. prudent
   - b. négligent
   - c. attentif

6. **understanding**
   - a. complice
   - b. compréhensible
   - c. compréhensif

10 Placez les verbes suivants dans les phrases

hope, agree, forgive, believe, need, wait, understand

1. I'm so sorry. Please, ... me.

2. The train was late. I had to .... for one hour.

3. I .... help. Could you give me a hand?

4. I .... it won't rain this afternoon. We're going for a walk.

5. Do you .... in God?

6. I don't .... what you mean. Could you be more specific?

7. I usually .... with you, but this time I think you are wrong.

11 Remettez les lettres dans l'ordre afin de trouver la traduction des verbes suivants

1. faire confiance : to **USRTT**........................

2. se demander : to **REDNOW**........................

3. oublier : to **TEGFOR**..............................

4. montrer : to **HSOW** ....

La graphie s ou ss

La graphie **s** ou **ss** peut se prononcer **[s]** (ex. : base, assess), **[z]** (ex. : desert), **[j]** (ex. : leisure), **[ch]** (ex. : sugar, pressure).

12 Répondez aux questions suivantes en cochant la bonne case

1. Dans quel mot le **s** se prononce comme dans **base** ?

☐ case ☐ because ☐ closure ☐ sugar

2. Dans quel mot le **s** se prononce comme les 2 premiers s de **po<u>ss</u>ess** ?

☐ crisis ☐ Asia ☐ desert ☐ basic

3. Dans quel mot le **s** se prononce comme dans **leisure** ?

☐ pause ☐ crusade ☐ comparison ☐ measure

13 Entourez la bonne réponse

1. Chassez l'intrus :

a. disappear **d.** precisely
b. release **e.** fatalism
c. asylum

2. L'adjectif **close (to)** rime avec :

a. cross
b. nose

La graphie th

Le fameux **th** ! Attention à bien marquer la différence de prononciation entre le **th** et le **s/ss**. Le **th** est plus facile à prononcer qu'on ne le croit généralement. Il suffit en effet de placer la langue derrière les deux dents de devant.

14 Placez les mots suivants dans le tableau, afin de reconstituer les paires de mots et leur traduction

although chanter sick couler
with fermeture avec MALADE
(to) think patron (to) sing both

	Paires de mots		Traductions	
1.	(to) sink			penser
2.	also		aussi	bien que
3.	(to) whizz		filer/aller vite	
4.		thing		chose
5.		thick		épais
6.	boss			les deux
7.	closing	(a piece of) clothing		vêtement

Bravo, vous êtes venu à bout de ce chapitre ! Il est maintenant temps de comptabiliser les icônes et de reporter le résultat en page 128 pour l'évaluation finale.

Autour des pronoms personnels et réfléchis

Les pronoms personnels

- **Les pronoms personnels**
  - **Les pronoms personnels sujets** (je, tu, il, etc.) sont : **I, you, he, she, it, we, you, they** (ex. : they live in Prague / I was born in 1965). Attention à ne pas se laisser influencer par le genre des noms en français. En anglais, si l'on ne parle pas d'une personne, on emploie le pronom personnel neutre **it** (ex. : kill that spider, it's scary!).
  - **Les pronoms personnels compléments** (moi, toi, lui, etc.) sont : **me, you, him, her, it, us, you, them** (ex. : I love this actor ➜ I love him / I told Liam and Sean to come at 5 ➜ I told them to come at 5).
- **Les possessifs**
  - **Les adjectifs possessifs** (mon, ma, mes, etc.) sont : **my, your, his, her, its, our, your, their** (ex. : we bought our house in 1998 / Anna must pick up her sister at the station). En anglais, on utilise les adjectifs possessifs lorsque l'on mentionne les parties du corps en complément (ex : je me suis coupé le doigt ➜ I cut my finger).
  - **Les pronoms possessifs** (le mien, le tien, le sien, etc.) sont : **mine, yours, his, hers, Ø, ours, yours, theirs** (ex. : whose coat is this? It's not mine).

1 Complétez les espaces à l'aide du pronom personnel, de l'adjectif possessif ou du pronom possessif qui convient

1. You and I are French. ➜ .... are French.
2. She broke .... leg while skiing.
3. He went with Jane. ➜ he went with ....
4. It's Sarah's laptop. ➜ it's ....
5. I had lunch with Clara and Peter. ➜ I had lunch with ....
6. You look different, did you cut .... hair?
7. Paul is coming with you and me. ➜ Paul is coming with ....
8. That cat does not like milk, I give .... water only.
9. It's my car. ➜ it's ....

Les pronoms réfléchis

- **Les pronoms réfléchis** sont **myself, yourself, himself, herself, ourselves, yourselves, themselves**. Ils servent à traduire le **se/s'** français dans les verbes pronominaux (ex. : he looked at himself in the mirror) ou **soi-même** (ex. : I did this cake myself).
- **Les pronoms réciproques** (l'un l'autre) sont : **one another** et **each other**. Ils servent à exprimer des relations de réciprocité entre plusieurs éléments. On utilise **one another** s'il y a plus de 2 éléments (ex. : the four men joked with one another) et **each other** s'il y a 2 éléments (ex. : the two sisters love each other).
- **Verbe réfléchi/réciproque ou pas ?** De nombreux verbes pronominaux en français ne le sont pas en anglais. Ces verbes ne se construisent pas avec un pronom réciproque ou réfléchi mais en ont tout de même le sens. En voici quelques-uns, vous en croiserez d'autres dans les exercices : **to hide** (se cacher), **to fight** (se battre), **to feel** (se sentir), **to hurry** (se dépêcher), **to complain** (se plaindre), **to remember** (se souvenir), **to relax** (se détendre), **to wonder** (se demander), **to worry** (s'inquiéter).

2 Choisissez la bonne réponse

1. I'm very tired, I can't concentrate .... **(myself / Ø)**
2. They're going to wash .... **(themselves / Ø)**
3. I need .... **(to dress / to dress myself / to get dressed)**
4. She doesn't .... good. **(feel herself / feel)**
5. You should .... **(relax / relax yourself)**
6. They often argue .... **(with each other / themselves / Ø)**

3 Trouvez le pronom réfléchi/réciproque qui convient

1. He blames .... for the accident.
2. Their five children help .... a lot.
3. The two ladies looked at .... but didn't say a word.
4. I was sad to hear that she was depressed and killed ....
5. (à table : servez-vous) ➜ Help ....

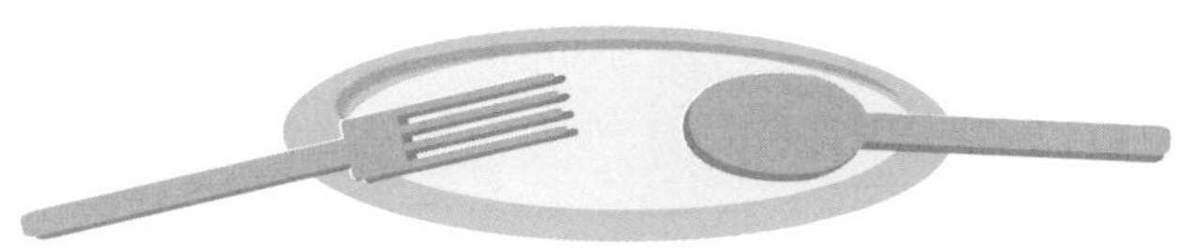

Reconstituez les phrases suivantes

1. Ivan and Patrick had a fight and barely talk to •
2. We're late, hurry •
3. He looked at •
4. You don't need my help, you can do it •
5. Her mother worries •
6. She introduced •
7. The baby •

- • **a.** up!
- • **b.** fell asleep.
- • **c.** a lot.
- • **d.** each other.
- • **e.** himself in the mirror.
- • **f.** yourself!
- • **g.** herself.

Les dates et l'heure

Que vous ayez des sueurs froides à l'idée de devoir donner l'heure/la date en anglais ou que vous ayez de bons restes, une piqûre de rappel n'est jamais inutile. Démarrons doucement en révisant tout d'abord les jours de la semaine et les mois de l'année.

5 Trouvez les lettres manquantes ou remettez les lettres dans l'ordre afin de reconstituer les jours de la semaine et les mois de l'année

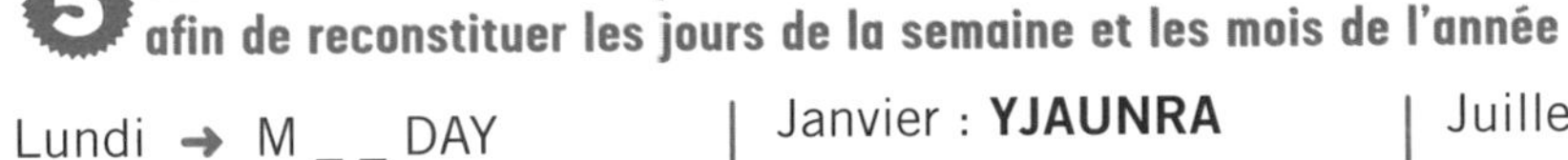

Lundi ➜ M _ _ DAY

Mardi ➜ _ U _ _ DAY

Mercredi ➜ _ _ D N _ _ DAY

Jeudi ➜ T _ U _ _ DAY

Vendredi ➜ _ _ _ DAY

Samedi ➜ S _ T _ _ DAY

Dimanche ➜ _ _ NDAY

Janvier : **YJAUNRA**
➜ . . . .

Février : **UARRYEFB**
➜ . . . .

Mars : **AHMCR**
➜ . . . .

Avril : **IPALR**
➜ . . . .

Mai : **YAM**
➜ . . . .

Juin : **UJEN**
➜ . . . .

Juillet : **YJUL**
➜ . . . .

Août : **GTSUUA**
➜ . . . .

Septembre : **MESTBREEP**
➜ . . . .

Octobre : **BOTCREO**
➜ . . . .

Novembre : **VEMOREBN**
➜ . . . .

Décembre : **MDREEBEC**
➜ . . . .

6 Entourez la ou les bonne(s) traduction(s) parmi les propositions entre parenthèses ou cochez la bonne réponse

1. Je vais à la piscine lundi (= ce lundi)

I'm going to the swimming pool **(Monday - on Monday - on Mondays)**

2. Je vais à la piscine le lundi (= tous les lundis)

I go to the swimming pool **(Monday - on Monday - on Mondays)**

3. Je serai absent du bureau du 4 au 11

I will be away from the office **(by - from)** the 4th **(to - still - until)** the 11th

4. Je pars le 3 mai, au matin

I'm leaving **(on - Ø)** the 3rd **(of - in)** May, **(Ø - in - on)** the morning

5. Aujourd'hui nous sommes le mardi 25 avril (à l'oral) ➜ Today's...

☐ **a.** Tuesday, the twenty-fifth of April

☐ **b.** Tuesday, April the twenty-fifth

7 Observez la carte d'identité et répondez aux questions en entourant, dans les parenthèses, le(s) mot(s) qui convien(nen)t et en complétant les espaces*

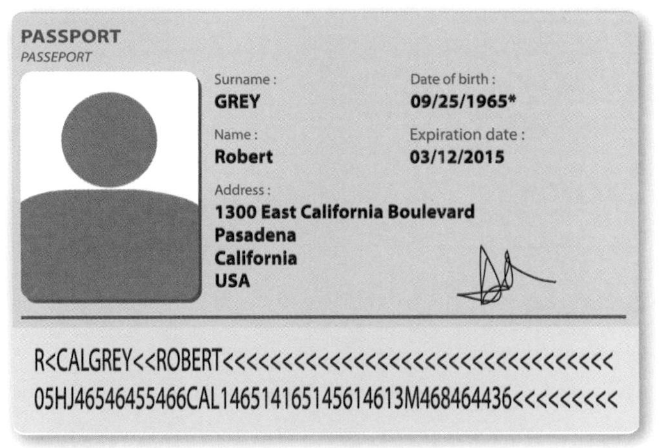

1. Robert Grey was born **(on - in - at)** 1965.

2. He was born **(on - in - at)** September.

3. He was born **(in - on)** the .... **(st - nd - rd - th)** **(of - in)** September.

4. His passport expires **(in - on)** the .... **(st - nd - rd - th)** **(of - in)** ...., in 2015.

Attention : contrairement à nous, les Anglais et les Américains indiquent d'abord le mois, puis le jour. Ainsi, 09/25/1965 se lira le 25 septembre 1965.

8 Répondez aux questions suivantes

1. Entourez la bonne réponse dans les parenthèses :
On utilise **(am - pm)** pour indiquer les heures, d'une heure du matin jusqu'à midi,
et **(am - pm)** pour indiquer les heures, d'une heure de l'après-midi jusqu'à minuit.

2. Comment dit-on **19h** en anglais ?

☐ **a.** nineteen o'clock ☐ **b.** nineteen hours ☐ **c.** seven am ☐ **d.** seven pm

3. Écrivez en toutes lettres les heures indiquées par les cadrans et répondez aux questions :

a. What time do you get up ?

I get up at

→ ....

ou ....

b. What time do you have lunch ?

I have lunch at

→ ....

c. What time do you go to bed ?

I go to bed at

→ ....

d. I have a meeting at 9:15 am

a. I'm early
b. I'm on time
c. I'm late

e. I'm going to see a film. It starts at 3 pm

a. I'm late
b. I'm just in time
c. I'm early

La lettre h

La lettre **h** est souvent aspirée, en début de mot en particulier. Il y aura donc une différence de prononciation entre **at** et **hat**, **ear** et **hear**, **old** et **hold**. Lorsque le **h** est à l'intérieur d'un mot, il ne se prononce généralement pas (ex. : **vehicle**). Il ne se prononce pas non plus à l'intérieur des groupes **ch**, **gh**, **rh**, **sh**, **th**, **ph**, sauf si le **h** est la première lettre du deuxième élément d'un mot composé (ex. : healthy ≠ tophat). Mais il existe quelques exceptions...

9 Classez les mots suivants dans le tableau

hospital heir hate
hour hit THYME shepherd hilarious
hill honour honesty hair
hero BEHIND Thailand house

H prononcé	H muet
....	....
....	....
....	....
....	....
....	....

10 Entourez le bon mot pour former une phrase pertinente

1. He was so **(angry - hungry)** that he slammed the door.
2. He was so **(angry - hungry)** that he ate three burgers!
3. You're not allowed to pin posters on the **(wall - whole)**.
4. I can't go to work today, I'm **(ill - hill)**.
5. Why not try this cream on your **(harm - arm)**? It can do no **(arm - harm)**.
6. You should not use a dryer. Hot **(air - hair)** is not good for your **(air - hair)**.

Bravo, vous êtes venu à bout de ce chapitre ! Il est maintenant temps de comptabiliser les icônes et de reporter le résultat en page 128 pour l'évaluation finale.

13

Autour de l'expression de la possession et des noms composés

L'expression de la possession

Il existe deux façons d'exprimer la possession en anglais : **the**... **of**... et **'s**. Le choix entre ces deux possibilités va dépendre de la nature du possesseur (**animé** ou **inanimé**).

- **'s : construction ➜** possesseur + **'s** + chose possédée

– **Utilisations :** avec les possesseurs **animés**. Sont considérés comme animés : **les noms** et **noms de personnes** (ex. : Peter's friends, the neighbour's wife), **les sujets familiers non humains**, comme les animaux domestiques (ex. : the cat's tail), les éléments personnifiables comme **les noms de pays, de villes, les institutions** (ex. : France's history, the company's policy), **les noms familiers d'une seule syllabe** comme **cup** ou **shop** (ex. : the cup's handle, the shop's director).

– **Cas particuliers :** si le possesseur est un pluriel et qu'il se termine par un **s**, on n'ajoutera pas **'s** mais simplement **'** (ex. : the Johns' house is for sale). En revanche les noms propres ou communs se terminant par un **s** et les pluriels ne se terminant pas par un s prennent **'s** (ex. : Socrates's philosophy, the crisis's end, women's rights).

- **The... of... :** construction **➜** objet possédé + **of** + possesseur

– **Utilisations** : avec une **chose inanimée** (ex. : the time of the meeting), un **quantificateur** (ex. : I've watched most of the film), pour exprimer la **relation partie-ensemble** (ex. : the head of the bed, the last page of the book), ou quelque chose d'animé si le **nom du possesseur est très long** ou suivi d'un complément (ex. : the son of the man in the blue shirt).

I Choisissez entre 's ou the... of... ••

1. **(Mr Jones - car)** ....
was stolen last week.

2. Look, this is the ....
....
(wife - the man we met yesterday)

3. The **(end - film)** ....
was very disappointing.

4. **(Helena - husband)** ....
.... is a pilot.

5. Adam, stop pulling the ....
.... ! **(dog - ears)**

6. I have just visited ....
....
(the Johnsons - new house).

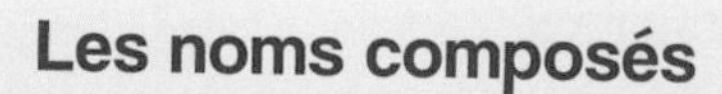

Les noms composés

On confond souvent l'expression de la possession avec les **noms composés.**

- **Construction** : ces derniers sont composés de deux mots qui existent indépendamment l'un de l'autre. Le second mot porte l'information principale, le premier vient apporter une précision à son sujet, comme le ferait un adjectif (ex. : une voiture de course ➜ a race car / une course de voitures ➜ a car race). C'est le deuxième nom qui prend la marque du pluriel (ex. : des gâteaux au chocolat ➜ chocolate cakes).
- **Utilisations** : le premier nom sert à qualifier le second (ex. : a love story), vient en préciser la nature ou la fonction (ex. : a leather jacket, a vegetable peeler), le situer dans le temps ou l'espace (ex. : an afternoon snack, a kitchen chair). Le second nom peut aussi être une partie du premier (ex. : a table napkin, a car window).
- **Formation** : les combinaisons les plus courantes sont les suivantes : nom + nom (ex. : a horse race), nom + verbe (ex. : a sunset, a haircut), nom + verbe + er (ex. : a dishwasher), verbe + nom (ex. : a pickpocket), verbe + ing + nom (ex. : a dining room), adjectif + nom (ex. : a gentleman), adjectif + verbe (ex. : dry cleaning).

À noter : dans les noms composés, les deux mots sont parfois collés (surtout lorsque le nom est passé dans l'usage, ex. : armchair, bedroom, birthday), parfois (mais rarement) reliés par un tiret (ex. : mother-in-law, first-class), parfois séparés (ex. : sleeping pill).

2 **Déclinez les noms composés suivants (collez bien les mots lorsqu'il n'y a pas d'espace après les pointillés)**

Dérivés de box
1. huche à pain ➜ ....box
2. tirelire ➜ .... box
3. glacière ➜ ....box
4. boîte aux lettres ➜ .... box
5. boîte à outils ➜ ....box

Dérivés de bag
1. cartable ➜ ....bag
2. sac à courses ➜ .... bag
3. sac de couchage ➜ .... bag
4. sac à main ➜ ....bag
5. sachet de thé ➜ .... bag

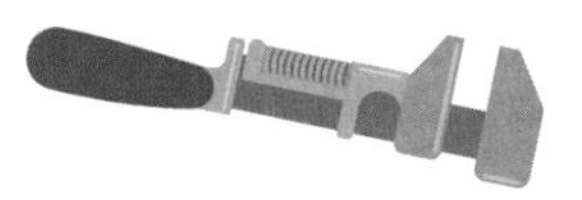

3 **Reconstituez les mots composés en plaçant les noms suivants à l'endroit qui convient (collez bien les mots lorsqu'il n'y a pas d'espace après les pointillés)**

killer - paste - washing - breaker - cloth

1. A machine that is used to wash your clothes is a .... machine.

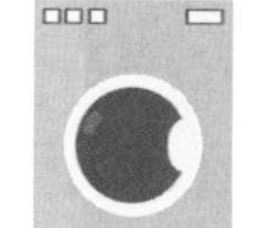

2. When you have a headache, you can take a pain........................ .

3. A coat that you wear to resist the wind is a wind........................ .

4. A floor................ (or floor-................) is a type of towel, used for cleaning floors.

5. Is to your teeth what shampoo is to your hair: tooth........................ .

4 **Reconstituez les mots composés suivants et découvrez leur origine, parfois oubliée...**

1. lave-vaisselle .... dish •	• **a.** stick
2. papillon .... butter •	• **b.** food
3. rouge à lèvres .... lip •	• **c.** fly
4. fruits de mer .... sea •	• **d.** coat
5. imperméable .... rain •	• **e.** washer
6. pastèque .... water •	• **f.** melon

Traduire « dire » et « parler »

Say ou **tell** ?

- **Say** a le sens de **dire**, **déclarer**. Avec **say**, on ne précise généralement pas l'interlocuteur mais seulement l'énonciateur et le message. **Say** sert à rapporter des paroles (ex. : he said "I'm fed up with this company. I quit"). Si on précise l'interlocuteur, **say** doit être suivi de **to** (ex. : he said to her "we should buy a house"). Il s'utilise aussi dans les expressions **say a word**, **say Hello/Goodbye**, **say a name/sentence**.
- **Tell** signifie également **dire**, mais davantage dans le sens d'**informer**, **raconter**. Après **tell**, on mentionne généralement l'interlocuteur (ex. : she told me that she was sick). **Tell** est employé sans pronom personnel objet dans des expressions comme **tell the truth**, **tell a lie**, **tell a story**.

5 Remplissez les espaces suivants en choisissant entre say ou tell au temps qui convient, en n'omettant pas to si cela est nécessaire

1. He looked at me and ....: "mind your own business."
2. I'm going to .... you the story of the Gingerbread Man.
3. He left the room without ....ing a word.
4. Can you .... me the time, please?
5. **Just for fun:** "I want to .... you a terrific story about oral contraception. I asked this girl to sleep with me and she .... : 'no'." (Woody Allen)

speak ou talk ?

- **Speak** signifie **parler**. On l'utilise pour faire référence à la **capacité de parole** (ex. : she can't speak ➜ she is dumb = elle est muette), à la **capacité de parler une langue** (ex. : I can speak Spanish), ou pour demander à parler à quelqu'un, en particulier **au téléphone** (ex. : could I speak to Mr Smith, please?).
- **Talk** signifie également **parler**, mais dans le sens d'**échanger**. On l'utilise dans les **contextes de communication non formels** (ex. : can I talk to you for a minute?), lorsque le verbe **dire** implique l'**idée de conversation** (ex. : we need to talk), ou quand **le sujet de conversation est mentionné** (ex. : we need to talk about what happened).

6 Complétez les espaces en choisissant talk ou speak, conjugué au temps nécessaire

1. Today we're going to .... about irregular verbs.
2. Hello Gemma. Is Mrs Dickinson in? Can I .... to her?
3. We just relaxed and .... for hours.
4. He can't .... today, he sang all night yesterday and lost his voice.
5. She can .... four foreign languages.

7 Reconstituez les phrases suivantes

1. Did he •	• **a.** to all the journalists: "No comment."
2. I don't want to •	• **b.** speak very well.
3. He is only 4 years old but he can •	• **c.** tell you about his new job?
4. We need to •	• **d.** say where he was going.
5. The President said •	• **e.** talk right now. Leave me alone.
6. He didn't •	• **f.** tell you something.

Les lettres muettes

Il existe un certain nombre de lettres qui s'écrivent mais ne se prononcent pas à l'oral. Découvrez les plus courantes en faisant les exercices ci-dessous.

8 Répondez aux questions suivantes

1. Trouvez les mots dans lesquels le **b** ne se prononce pas :

lamb climb plumber

obtain bulb double comb inhabitant

hub cable doubt crumble crumb

2. Avec quoi riment les mots **would** et **should** ? Cochez la bonne case.

☐ **a.** wood ☐ **b.** mould

3. Trouvez les mots dans lesquels le **l** ne se prononce pas :

4. Trouvez les mots dans lesquels le **t** ne se prononce pas :

5. Quel est le point commun entre tous ces mots ?

know - knee - knot - knife - knight - knit - knock

→ ....

9 Trouvez la lettre muette dans chacune des listes suivantes (une seule et même lettre par liste)

Ex. : wednesday - handkerchief - sandwich → il s'agit de la lettre d

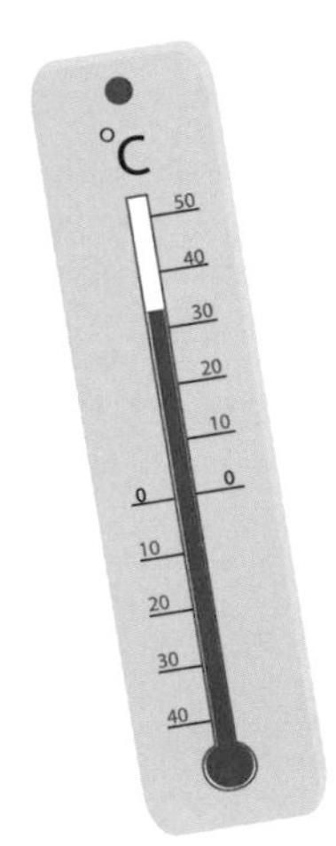

1. sign - gnat - foreign - campaign - benign - resign

→ il s'agit de la lettre ....

2. desperate - difference - interest - literature - temperature

→ il s'agit de la lettre ....

3. cupboard - pneumonia - raspberry - receipt - pseudo - psychology

→ il s'agit de la lettre ....

10 Les mots suivants contiennent tous une lettre qui ne se prononce pas (lettre différente dans chaque mot), entourez-la

answer autumn farm

doubt island leopard grandmother

Bravo, vous êtes venu à bout de ce chapitre ! Il est maintenant temps de comptabiliser les icônes et de reporter le résultat en page 128 pour l'évaluation finale.

Autour des pronoms relatifs et interrogatifs

Les pronoms relatifs

Les pronoms relatifs (qui, que, ce qui, ce que, quoi, dont, où) sont : **who**, **which**, **that**, **what**, **where**, **when**, **whose**.

- **qui, que** : on utilise **who** ou **that** pour une personne (ex. : the man who is sitting there is my brother), **which** ou **that** pour une chose (ex. : look at the dog which is over there).

– **À noter : that** s'utilise dans les structures avec des quantificateurs (**tout ce que**, **tout ce qui**, ex. : it's all that I want). On ne peut pas utiliser **that** après une préposition (ex. : this is the table on which I left my glasses), ni dans une incise (ex. : his brother, who lives in Japan, speaks Japanese fluently). **That** est un peu moins soutenu que **which** et s'utilise plus à l'oral. Son usage est par ailleurs plus courant en anglais américain.

– **Il est possible de ne pas mettre who**, **which** ou **that**, quand il reprend un élément qui fonctionne comme un complément (ex. : I ate a cake ➜ the cake Ø I ate).

- **ce que, ce qui** : **what** et **which** (ex. : she arrived late again, which is not surprising / I don't understand what you mean).
- **où** : **where** (ex. : it's a restaurant where they cook fish)
- **quand** : **when** (ex. : this happened at the time when she got married)
- **dont** : **whose** (ex. : it's the lady whose husband died in the crash)

1 **Choisissez entre les pronoms relatifs who, which, that, what, where, when ou whose**

1. She now lives in Anchorage, ... is the capital city of Alaska.

2. I still remember the day .... I met her. It was 20 years ago.

3. All .... I can remember about him is that he's called Duncan.

4. Mr Taylor, ... used to be a teacher, is now a computer scientist.

5. The woman .... daughter you saw yesterday, is my sister.

6. Look, these are the shoes .... I bought yesterday.
Tell me .... you think about them.

7. It's a district .... you will find many Asian shops.

Les pronoms interrogatifs

Les pronoms interrogatifs sont : **who** → qui (ex. : who is this woman?), **what** → que, quel(les), qu'est-ce que (ex. : what are you doing tonight?), **which** → lequel, laquelle, lesquelles (parmi un choix limité, ex. : which car do you prefer?), **where** → où (ex. : where do you live?), **when** → quand (ex. : when were you born?), **why** → pourquoi (ex. : why is she crying?), **whose** → à qui (ex. : whose phone is this?), **how** → comment (ex. : how are you?). **How** est utilisé pour poser les questions **how much/many?** → combien ?, **how often?** → à quelle fréquence ? tous les combien de temps ?, **how long?** → (depuis) combien de temps ?, **how tall/high?** → (à) quelle hauteur ?, **how far?** → à quelle distance ?, **how soon?** → dans quels délais ?

2 Entourez la ou les bonne(s) réponse(s)

1. **how soon** - **how long** - **when** have you had this car? 10 years?
2. **how much** - **how soon** - **how often** do you go shopping? Once or twice a week?
3. **how soon** - **when** - **how long** can you come and repair my dishwasher?
4. Coffee or tea? **which** - **what** - **who** - **whose** one do you prefer?
5. **Just for fun:** "If there is no God, **whose** - **which** - **who** opens the doors in supermarkets?" (Patrick Murray)

3 Posez la question permettant d'obtenir la réponse soulignée

1. The laptop is my sister's.
→ .... ?

2. I take my exam on Tuesday.
→ ....
.... ?

3. I went to Spain for the holidays.
→ ....
.... ?

4. I'm not coming because I'm too tired.
→ ....
.... ?

5. They have three children.
→ ....
.... ?

6. The station is not very far from here, about one mile away.
→ ....
.... ?

7. It's 25 dollars, Sir.
→ .... ?

Antonymes

Les antonymes sont des mots de **sens contraire**. Il est prouvé que nous retenons davantage les mots que nous apprenons par paires, en particulier par paires d'opposés. Une bonne raison de plus pour étendre son vocabulaire ! Down to work! (au boulot !)

4 Entourez le mot de sens contraire

1. **to begin :** to end - to start - to close - to stay
2. **expensive :** shy - chip - cheap - saving
3. **dangerous :** save - saif - sure - safe
4. **late :** next - hourly - soon - early
5. **empty :** fill - fell - full - fall
6. **to succeed :** to fell - to fail - to fill - to foul
7. **first :** lest - fast - least - last
8. **to forget :** to remember - to remind - to remain
9. **enemy :** frend - friend - alliance - foe

5 Reliez chaque mot à son contraire

1. to love •	• **a.** to cry
2. to laugh •	• **b.** boring
3. to start •	• **c.** quiet
4. interesting •	• **d.** strong
5. weak •	• **e.** to hate
6. dry •	• **f.** wet
7. noisy •	• **g.** to finish

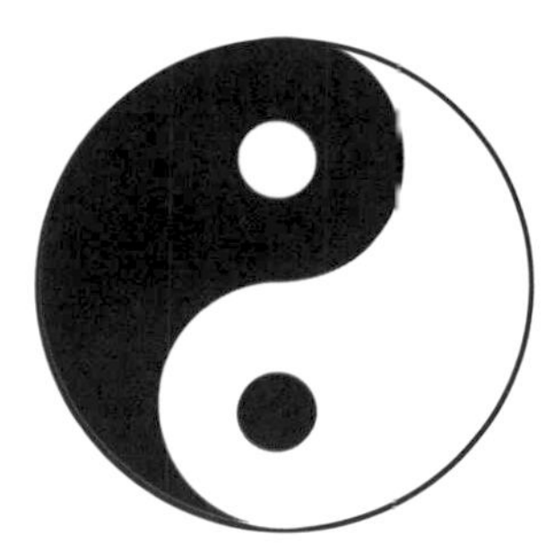

6 Placez les mots suivants à côté de leur contraire

slim - bitter - take - win - hope - old - lend - sad - dirty - far

1. happy ➜ ....
2. give ➜ ....
3. young ➜ ....
4. borrow ➜ ....
5. near ➜ ....
6. sweet ➜ ....
7. clean ➜ ....
8. despair ➜ ....
9. lose ➜ ....
10. fat ➜ ....

Le vocabulaire du travail et des métiers

On peut traduire le mot **travail** par **job** ou **work**. **Job** désigne un emploi alors que **work** désigne le travail en général. **Work** est un indénombrable et on utilisera l'expression a **piece of work** pour parler d'une réalisation en particulier. Pour le reste, à vous de jouer !

7 Placez les mots suivants dans les phrases

unemployed retired job company

earn trade union wages FACTORY

1. Most students need to take a .... as a waiter or a cashier to pay for their studies.
2. He worked as a clerk for 20 years but he now runs his own service ....
3. Many workers are .... in this town. This new .... will create hundreds of jobs.
4. The workers in this factory .... good ....
5. A .... is an organization that defends the workers' interests and rights.
6. My neighbour worked as a teacher for 30 years. He is .... now.

8 Retrouvez les noms de professions en remettant dans l'ordre les lettres fournies entre parenthèses

1. policier **(EOPICL)**
   → _ _ _ _ _ _ man
2. pompier **(IREF)**
   → _ _ _ _ man
3. facteur **(TOSP)**
   → _ _ _ _ man
4. commercial/vendeur **(LASES)**
   → _ _ _ _ _ man
5. pêcheur **(RIFHES)**
   → _ _ _ _ _ _ man

9 Détachez les mots au bon endroit afin de trouver les noms de professions suivants en anglais, puis réécrivez-les au propre dans l'ordre des traductions

1. **cadre - cuisinier - ouvrier - avocat - coiffeur - serveur**

   cookhairdresserlawyerwaiterexecutiveworker

   ➜ ....

   ....

2. **mécanicien - secrétaire - boucher - agriculteur - infirmière - nounou - professeur - boulanger - vétérinaire - plombier**

   teacherfarmerbutcherbakerplumbernursenannyvetsecretarymechanic

   ➜ ....

   ....

10 Reliez chaque profession à sa traduction française

1. Clerk •	• **a.** Routier
2. Civil Servant •	• **b.** Employé de bureau
3. Engineer •	• **c.** Vendeur en magasin
4. Shop assistant •	• **d.** Ingénieur
5. Lorry driver •	• **e.** Fonctionnaire

Les homophones

Un bon nombre de mots, qui ne s'écrivent pas de la même façon et qui ont un sens complètement différent, **se prononcent cependant de la même manière**. Découvrez-en quelques-uns en faisant les exercices ci-dessous.

11 Corrigez les erreurs qui se sont glissées dans la lettre suivante ; pour ce, rayez proprement et réécrivez les mots à côté, comme dans l'exemple donné en rouge

Deer Mum and Dad,

I had fun at the camp the first weak: we went to the ~~see~~ sea and went on a bought. Then we went to a fare. Yesterday I road a horse. But I'm getting board now! Tonight we're having a barbecue, I hope the meet is good. Last night we had to eat leak soup, pees and pairs and you know how much I hate fruit and veggies! See you soon.

Love,

Sam

12 Trouvez les erreurs et réécrivez la phrase correctement

1. I need a new pear of shoes.

→ ....

2. There is a leek under my sink, I need to call a plumber.

→ ....

3. I need to pea! Where's the bathroom?

→ ....

4. I can't sea a thing without my glasses on.

→ ....

5. Look, I boat a new computer last week.

→ ....

6. It's not unusual to see cows in the middle of the rode in India.

→ ....

7. We often meat at the sushi bar for lunch.

→ ....

8. I still feel very week from the surgery

→ ....

Bravo, vous êtes venu à bout de ce chapitre ! Il est maintenant temps de comptabiliser les icônes et de reporter le résultat en page 128 pour l'évaluation finale.

Autour des préfixes et suffixes

Préfixes et suffixes

- **Principe général :** Il est possible de former de nombreux mots en associant verbes, noms et adjectifs à des suffixes et des préfixes. On peut par exemple **former un nom** en ajoutant un suffixe à un adjectif (ex. : excentric + ity ➜ excentricity), un suffixe à un verbe (ex. : act + or ➜ actor), un préfixe à un nom (ex. : in + capacity ➜ incapacity). On peut aussi **former des adjectifs** en ajoutant : un préfixe à un adjectif (ex. : un + believable ➜ unbelievable), un suffixe à un nom (ex. : boy + ish ➜ boyish / care + less ➜ careless / doubt + ful ➜ doubtful). On peut **former des adverbes** en ajoutant le suffixe ly à un adjectif (ex. : certain + ly ➜ certainly).
- **Principaux préfixes, pour former des adjectifs et des verbes : under** (**➜ dé/sous**, ex. : underpaid), **over** (**➜ sur**, idée de dépassement, ex. : overreact), **mis** (accolé à un nom ou un verbe **➜ mal, mé**, idée de dysfonctionnement, d'incident, d'erreur, ex. : to misunderstand), **self** (**auto- /de soi-même**, ex. : self-destructive, self-respect), **un**, **dis**, **il**, **im**, **in**, **ir** (servent à former des opposés, ex. : dishonest, illegal, imperfect, incompetent, unhappy, irrational).

I Dérivez les mots suivants en vous inspirant du modèle fourni

	Mot à dériver + sens	Traduction du mot à obtenir	Mot dérivé
Ex.	paid = payé	sous-payé	underpaid
1.	**real** = réel	irréel	....
2.	**to agree** = être d'accord	être en désaccord	....
3.	**estimated** = estimé/évalué	sous-estimé	....
4.	**confident** = confiant	présomptueux/ trop confiant	....
5.	**to pronounce** = prononcer	écorcher (un nom)	....

Suffixes (suite)

- **Principaux suffixes utilisés pour former des adjectifs : able/ible** (sens ➜ susceptible d'être, ex. : breakable, accessible), **ed** (sens ➜ participe passé, ex. : cooked), **free** (sens ➜ sans, ex. : sugar-free), **ful** (sens ➜ qui revêt, contient, qui est plein de, ex. : successful, beautiful), **ing** (sens ➜ adjectif à sens actif, ex. : interesting), **ish** (sens ➜ qui a les caractéristiques de, ex. : boyish), **less** (sens ➜ privatif, sert à construire les adjectifs contraires de ceux terminant par ful, ex. : useful/less), **ly** (sens ➜ qui a les qualités de, ex. : friendly), **y** (sens ➜ qui a la qualité de, ex. : sunny, funny).
- **Principaux suffixes utilisés pour former des noms : cy** (ex. : legacy), **dom** (sens ➜ condition, domaine, ex. : kingdom), **er/or** (➜ agent masculin, ex. : player, actor), **hood** (➜ statut, qualité, période, ex. : brotherhood), **ism** (➜ comportement, système, ex. : criticism, socialism), **ity** (➜ qui a la qualité de, ex. : acidity), **ship** (➜ le fait d'être, ex. : dictatorship), **ness** (➜ état, condition, ex. : creativeness, loneliness).

friendSHIP friendship
friendship

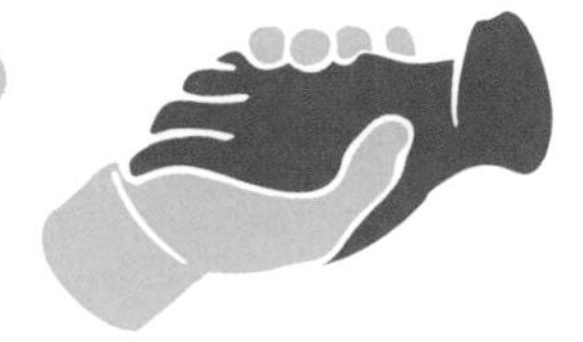

2 Dérivez les mots suivants en vous inspirant du modèle fourni

	Mot à dériver + sens	Traduction du mot à obtenir	Mot dérivé
Ex.	friend = ami	amitié	friendship
1.	**to bore** = ennuyer/raser	ennuyeux/rasant	....
2.	**home** = foyer	sans domicile fixe	....
3.	**sad** = triste	tristesse	....
4.	**child** = enfant	enfance	....
5.	**slow** = lent	lentement	....
6.	**to wash** = laver	lavable	....

3 Trouvez le préfixe ou le suffixe qui convient

1. When you trust yourself too much, you are ....confident.
2. Something that never ends is end............ .
3. When you do not trust someone, you ....trust him.
4. Happi............ is the state of being happy.
5. Free............ is the state of being free.

4 Reliez les dérivés du verbe *to use* à leur traduction

1. user •	• a. mal utilisé
2. unused •	• b. surutilisé
3. useful •	• c. non utilisé
4. misused •	• d. utile
5. overused •	• e. utilisateur

5 Dérivez les mots suivants en plusieurs étapes, comme dans l'exemple

Ex. : mot racine ➜ intention = intention
étape 1 ➜ intentional = intentionnel
étape 2 ➜ unintentional = non intentionnel
étape 3 ➜ unintentionally = de manière non intentionnelle

1. **mot racine ➜ pleasant** = plaisant
   étape 1 ➜ .... = déplaisant
   étape 2 ➜ .... = de manière déplaisante

2. **mot racine ➜ resource** = des ressources
   étape 1 ➜ .... = débrouillard, ingénieux
   étape 2 ➜ .... = débrouillardise

3. **mot racine : success** = succès
   étape 1 ➜ .... = couronné de succès
   étape 2 ➜ .... = infructueux, qui a échoué
   étape 3 ➜ .... = en vain, sans succès

4. **mot racine : expect** = s'attendre à quelque chose
   étape 1 ➜ .... = attendu
   étape 2 ➜ .... = inattendu
   étape 3 ➜ .... = de manière inattendue

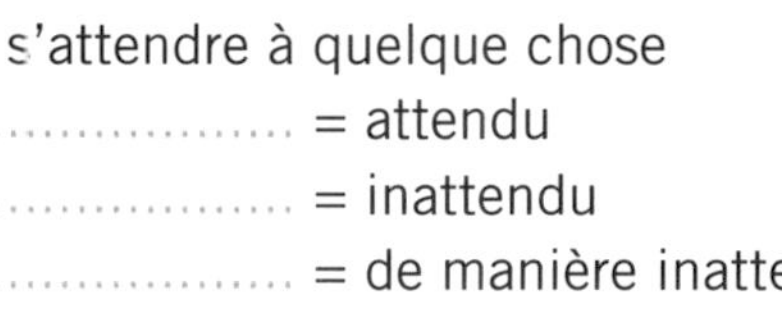

Acronymes

Les Anglo-Saxons utilisent beaucoup d'acronymes, y compris pour des expressions quotidiennes et familières. Découvrez-en quelques-uns dans les exercices ci-dessous.

6 **Trouvez la signification des acronymes suivants (issus de la vie courante), en vous aidant des indices**

1. **B.O.**
   - ☐ **a.** Big Organisation
   - ☐ **b.** Body Odour
   - ☐ **c.** Best Offer

2. **B.L.T.**
   (indice : le jambon-beurre anglais) :
   - ☐ **a.** Bacon, Lettuce and Tomato
   - ☐ **b.** Bread, Lettuce and Tuna
   - ☐ **c.** Bread, Lettuce and Turkey

3. S'embrasser en public est un exemple de **P.D.A.**, qui signifie "Public Display of..."
   - ☐ **a.** Acquaintance
   - ☐ **b.** Affection
   - ☐ **c.** Amorous

4. **A.S.A.P.**
   - ☐ **a.** As Sorry As Pity
   - ☐ **b.** As Soon As Possible
   - ☐ **c.** As Sad As Pie

5. **D.I.Y.**
   - ☐ **a.** Do It Young
   - ☐ **b.** Do It Yesterday
   - ☐ **c.** Do It Yourself

6. **T.G.I.F.**
   - ☐ **a.** Thank God It's Finished
   - ☐ **b.** Thank Goodness It's Friday

7. Les OVNI sont appelés **U.F.O.** en anglais. Que signifient les lettres ?
   - ☐ **a.** Unidentified Flying Object
   - ☐ **b.** Unidentified Funky Object

7 **Trouvez les acronymes suivants (issus du chat online) et leur signification, en procédant comme dans l'exemple**

Ex. : à bientôt : later/you/see ➜ see you later ➜ SUL

1. **pas devant mon PC** : keyboard/from/away ➜ .... ➜ ....
2. **it's funny** : loud/laughing/out ➜ .... ➜ ....
3. **à +** : later/you/talk/to ➜ .... ➜ ....
4. **je reviens...** : back/be/right ➜ .... ➜ ....
5. **à mon avis...** : opinion/my/in ➜ .... ➜ ....

See, watch et look

- **To see** signifie **voir**. Comme le verbe français, il a une connotation **passive** (on peut voir quelque chose sans regarder, ex. : I can't see a thing without my glasses on).
- **Look at** et **watch** signifient **regarder**. Ils ont une connotation **active** (on porte son regard vers quelque chose, délibérément). Notez que pour traduire **regarder**, il est nécessaire d'utiliser le verbe **to look** avec la préposition **at** (à ne pas confondre avec **look for**, qui signifie **chercher**). **Look at** est plutôt utilisé pour un regard qui ne dure pas (ex. : look at this car!). On emploie **to watch** lorsque l'on regarde quelque chose qui dure (ex. : they watched the children play).

À noter : on dit **to watch television**.

8 Remplissez les espaces en choisissant entre watch, look (at) et see

1. I don't want to go out tonight. Let's just stay in and .... a film.
2. Did you .... John at the party?
3. .... Mum, it's snowing!
4. He likes to .... the rain falling. He can do that for hours!
5. Don't .... me like that! You know I'm right!

Homophones (suite)

Rappel : un bon nombre de mots, qui ne s'écrivent pas de la même façon et qui ont un sens complètement différent, se prononcent cependant de la même manière. Découvrez-en d'autres en faisant les exercices ci-dessous.

9 Entourez le mot qui convient

1. Would you like another **(piece - peace)** of cake?
2. Don't **(waist - waste)** your money on video games!
3. The love **(scene - seen)** in this film is set in New York.
4. She missed a **(stair - stare)** and broke her leg.
5. Is the glass half empty or half **(fool - full)**?

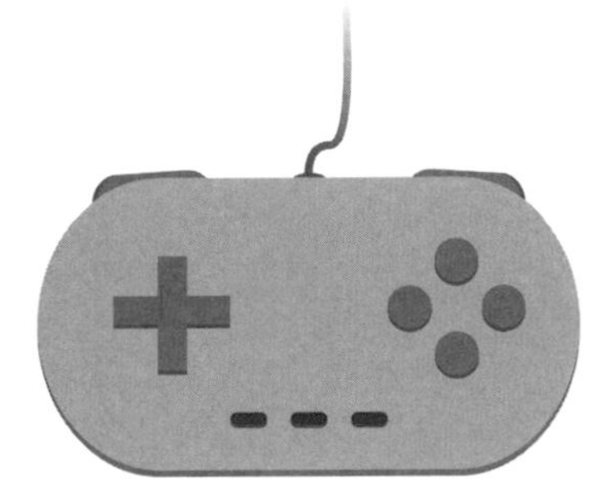

10 Retrouvez les couples de mots qui se prononcent de la même façon et classez-les dans les colonnes

buy | thyme | which | pool | war | knows
witch | bye | pull | their | cereal
collar | urn | would | wood | wore | serial
·u | right | jeans | missed | allowed | time
mist | wait | write | nose | weight
genes | aloud | there | earn | colour | ·ew

.... -	.... -	.... - ....
.... -	.... -	.... - ....
.... -	.... -	.... - ....
.... -	.... -	.... - ....
.... -	.... -	.... - ....
.... -	.... -	

Bravo, vous êtes venu à bout de ce chapitre ! Il est maintenant temps de comptabiliser les icônes et de reporter le résultat en page 128 pour l'évaluation finale.

Autour des adjectifs

Les adjectifs

- **Caractéristiques** : les adjectifs sont **invariables**, ils ne prennent donc **pas de s** au pluriel (ex. : a red car, red cars), ils se placent avant le nom lorsqu'ils sont compléments du nom (ex. : a blue pen), après le verbe quand ils sont attributs du sujet (ex. : this cake is delicious), après le complément quand ils sont attributs du complément (ex. : I find this film boring). **À noter :** les adjectifs de **nationalité** et de **religion** prennent une **majuscule** (ex. : he is a German musician / this is an Orthodox church).
- **Ordre des adjectifs** : lorsque la phrase présente plusieurs adjectifs, on les ordonne du plus subjectif au plus objectif : opinion, taille, âge, forme, couleur, origine, matière, fonction/but + nom (ex. : a horrible white German dog / a beautiful black leather armchair). Si plusieurs adjectifs appartiennent à la même catégorie, on les classe du plus court au plus long (ex. : a long, enormous car).

1 Remettez les mots dans l'ordre pour former une phrase correcte

1. plastic/phone/ugly/red/a(n)
   → ....
2. sweater/blue/cotton/old/horrible/a(n)
   → ....
3. tall/German/nice/a/lady
   → ....
4. Canadian/novel/exciting/long/a(n)
   → ....

Cas particuliers

- **Quelques adjectifs ne se placent jamais avant le nom** : alone (on dira : a single man), afraid (on dira : a frightened man), alive (on dira : a living man), well (on dira : a healthy man), ill (on dira : a sick man), glad (on dira : a happy man), les adjectifs en **able** et **ible** (on dira par exemple : something imaginable, something possible).
- **Si l'adjectif est suivi d'un complément, on le placera après le nom** (ex. : a man interested in poetry).

2 Cochez la ou les bonne(s) réponse(s)

1. I slept in a ... bed.
   - ☐ **a.** soft, cozy, and comfortable
   - ☐ **b.** comfortable, cozy, and soft
   - ☐ **c.** comfortable, soft, and cozy

2. I bought a(n) ... box at the market.
   - ☐ **a.** beautiful, ancient, oval, brown, Indian, wooden
   - ☐ **b.** brown, Indian, ancient, oval, beautiful, wooden

3. A man who is not dead is...
   - ☐ **a.** an alive man
   - ☐ **b.** alive
   - ☐ **c.** a living man

4. A man who is not married is...
   - ☐ **a.** an alone man
   - ☐ **b.** a single man
   - ☐ **c.** single
   - ☐ **d.** a bachelor

5. A man who is not well is...
   - ☐ **a.** sick
   - ☐ **b.** a sick man
   - ☐ **c.** an ill man
   - ☐ **d.** ill

3 Corrigez les erreurs dans le texte suivant ; vous pouvez barrer les mots dans le texte et les réécrire correctement sur les lignes prévues à cet effet, à côté

My friend Enzo is a passionate man about cars. He likes ancients cars more particularly. Last month, he bought this racing, orange, new, wonderful car. I think it's an italian car. He said he wanted a red one but had taken it because orange was the only available colour. He looks a bit eccentric in a car this colour. Enzo is spanish. Last week he went back to Spain to celebrate a catholic holiday with his family and suggested that I go with him, so I did. He is a driver fast and I must say I was afraid to go with him in a sports car but I enjoyed it!

....

....

....

....

....

....

....

....

....

....

....

....

....

....

Les adjectifs composés

Les adjectifs composés sont des adjectifs formés à partir de plusieurs éléments. Pour comprendre la signification de ces adjectifs, il faut remonter vers la gauche à partir du nom (ex. : a broad-shouldered man ➜ un homme aux épaules larges).

Il existe cinq grands types de formations :

1. Le 2e élément est un adjectif, pour traduire **qui est** : nom/adjectif + adjectif (ex. : sea-blue eyes, light blue water).
2. Le 1er élément est un adjectif, le 2e est un nom + **ed**, pour exprimer **qui a telle caractéristique** (ex. : a blue-eyed boy).
3. Le 2e élément est un participe passé, le composé prend alors un sens passif : nom/adjectif + participe passé (ex. : a handmade object, a big-boned woman).
4. Le 2e élément est un verbe en **ing**, le composé prend alors un sens actif : nom/adjectif + verbe en **ing** (ex. : a time-consuming activity, an English-speaking guide).
5. Le 2e élément est un nombre/chiffre, le composé prend alors le sens de **qui comporte x (nombre) choses**. Dans ce cas, le nom reste invariable (ex. : a five-hundred-page book).

4 Choisissez la bonne traduction

1. qui a l'esprit ouvert :
- ☐ **a.** open-minded
- ☐ **b.** mind-opened
- ☐ **c.** open-minding

2. droitier :
- ☐ **a.** right-handing
- ☐ **b.** right-handed
- ☐ **c.** hand-righted

3. 0% de matière grasse :
- ☐ **a.** free-fat
- ☐ **b.** fat-freed
- ☐ **c.** fat-free

4. à manches longues :
- ☐ **a.** sleeved-long
- ☐ **b.** long-sleeved
- ☐ **c.** long-sleeving

5. durable/de longue durée :
- ☐ **a.** long-lasting
- ☐ **b.** long-lasted
- ☐ **c.** last-longing

5 Reliez les adjectifs composés suivants à la définition qui leur correspond

1. short-lived •	• **a.** flambant neuf
2. part-time •	• **b.** facile à vivre
3. second-hand •	• **c.** d'occasion
4. easy-going •	• **d.** éphémère
5. brand-new •	• **e.** à temps partiel

6 Reconstituez les cinq adjectifs composés suivants

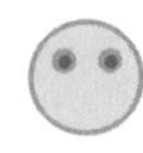

1. well •	• **a.** looking
2. good •	• **b.** aged
3. hard •	• **c.** paid
4. middle •	• **d.** working
5. long •	• **e.** haired

7 Trouvez l'adjectif composé qui permet de reformuler les énoncés suivants

1. A pizza which is made at home, by yourself, is a .... pizza.
2. A woman with green eyes is a .... - .... woman.
3. A soap that smells sweet is a .... - .... soap.
4. A boy who is 14 is a .... - .... - .... boy.

Le vocabulaire de la nature, de la météo et des animaux

Petits rappels : la nature se dit **nature** (sans l'article **the**, souvenez-vous...), mais on utilise parfois le mot **the wild**, comme dans l'expression **the call of the wild** (= l'appel de la nature). **Quel temps fait-il** se dit **what's the weather like?** Enfin, on utilise le mot **pets** pour les animaux domestiques.

8 Trouvez la traduction anglaise ou française des mots suivants

Français		hiver	ciel	lune		
Anglais	summer				star	sea

Français	vague	plage	campagne	herbe		lac
Anglais					island	

Français		montagne	arbre	fleur		
Anglais	leaf				wood	spring

9 Complétez les traductions suivantes

1. la météo : **WE** _ _ _ **ER**
2. la pluie : **R** _ _ **N**
3. nuage : _ _ _ **UD**
4. soleil : _ _ **N**
5. neige : **SN** _ _
6. vent : **W** _ _ **D**
7. brouillard : **F** _ _
8. chaud : **H** _ _
9. froid : **C** _ _ **D**

10 What's the weather like... Cochez la ou les bonne(s) réponse(s).

1. ... in London?
- ☐ **a.** it's clouding
- ☐ **b.** it's cloudy

2. ... in Rome?
- ☐ **a.** it's sunning
- ☐ **b.** it's sunny

3. ... in New York?
- ☐ **a.** it's windy
- ☐ **b.** it's winding

4. ... in Paris?
- ☐ **a.** it's raining
- ☐ **b.** it's rainy

11 Remettez les lettres dans l'ordre pour trouver la traduction des animaux suivants

1. chien	**OGD** ....
2. chat	**TAC** ....
3. cheval	**ESOHR** ....
4. âne	**NYODEK** ....
5. lapin	**TIRABB** ....
6. mouton	**PESEH** ....
7. cochon	**GIP** ....

8. vache	**OWC** ....
9. chèvre	**TOGA** ....
10. canard	**CUDK** ....
11. singe	**YOMENK** ....
12. souris	**SOUME** ....
13. oiseau	**RIBD** ....
14. poisson	**IFHS** ....

Erreurs courantes de prononciation

Les francophones ont tendance à commettre un certain nombre d'erreurs de prononciation typiques. Saurez-vous les éviter dans les exercices suivants ?

12 Trouvez la rime des mots suivants, entourez-la, puis placez les mots dans les phrases 

1. **sweet** rime avec : **seat** - **eat** - **bet**
2. **sweat** rime avec : **feet** - **great** - **wet**

→ Sorry I'm covered in ...., I have been running.
Thank you for your gift. How .... of you!

3. **shout** rime avec : **boot** - **about** - **fought**
4. **shoot** rime avec : **doubt** - **not** - **foot**

→ Don't .... like that! I'm not deaf!
I have never tried ....ing a gun.

5. **bird** rime avec : **heard** - **eared** - **weird**
6. **beard** rime avec : **feared** - **aired** - **fired**

→ Peter has grown a ....
The children wanted a .... We got them a canary.

7. **beer** rime avec : **dear** - **wear**
8. **bear** rime avec : **swear** - **fear**

→ Winnie the Pooh is a cartoon ....
Guinness is a brand of ....

13 Méli-mélo : entourez la ou les bonne(s) réponse(s) 

1. **aren't** se prononce comme...
   aunt - **ant** - **hunt**
2. **answer** rime avec...
   officer - **swear**
3. le son **[oze]** de **because** rime avec...
   nose - **was** - **laws**
4. **enough** ne rime absolument pas avec...
   dough - **Doug** - **laugh**
5. **famous** rime avec...
   moose - **virus** - **goose** - **us**
6. **says** rime avec...
   le nombre français 16 - **plays** - **stays**
7. **said** rime avec...
   paid - **afraid** - **bed**
8. **young** rime avec...
   among - **sung** - **tongue**

Bravo, vous êtes venu à bout de ce chapitre ! Il est maintenant temps de comptabiliser les icônes et de reporter le résultat en page 128 pour l'évaluation finale.

Autour des adverbes

Généralités

• Nature et formation

Les adverbes sont des mots qui modifient ou apportent des précisions sur un verbe (ex. : he drives **well**) ou un adjectif (ex. : he drives a **very** old car). Ils répondent souvent aux questions **où ?**, **quand ?**, **comment ?**, **pourquoi ?**. Un certain nombre d'adverbes se forment en ajoutant le suffixe **ly** à un adjectif (ex. : slowly, nicely, precisely), d'autres ont une forme fixe (ex. : always, well, before, etc.).

• Les différents types d'adverbes

Les intensificateurs/renforçateurs (ex. : really, very, completely, absolutely, so, well) et les atténuateurs (ex. : almost, nearly), les adverbes de manière (ex. : slowly, quietly), de lieu (ex. : here, there), de fréquence (ex. : every day, often), de temps (ex. : before, now, early, first) ou de but (ex. : to, so as to).

1 **Les mots se terminant en ly ne sont pas tous des adverbes, mais parfois des adjectifs : entourez l'adjectif qui s'est caché dans chacune des listes d'adverbes suivantes**

1. lovely nicely simply freely
2. directly easily silly softly
3. angrily friendly happily loudly
4. shyly oddly generally lively
5. LONELY CAREFULLY HIGHLY PERFECTLY
6. quietly needy suddenly quickly
7. wrongly dangerously gladly costly
8. cowardly fortunately rapidly clearly

La place des adverbes

- Après l'auxiliaire s'il y en a un dans la phrase (ex. : I have always liked horror movies)
- Avant ou après **to be** (ex. : I am relieved now / I am now relieved)
- En début de phrase, pour les **adverbes de modalité** comme perhaps, maybe, etc., ainsi que les adverbes d'opinion comme frankly, honestly, personally, etc.
- En début ou en fin de phrase, pour les **adverbes de temps précis** (ex. : yesterday, tomorrow) et les adverbes **de lieu** (ex. : outside)
- Au milieu (juste avant le verbe), pour les **adverbes de fréquence non précis** (ex. : always, often, usually, never) et les adverbes **almost**, **certainly**, **hardly**, **nearly**, **probably**, **simply** (ex. : I've always hated coffee / he has almost died)
- Après le verbe et son complément, pour les **adverbes de manière** (ex. : take it off slowly)
- Généralement en fin de phrase pour les **adverbes de temps**, **de lieu** et **de manière** comme weekly, badly, well, either, too, as well, enormously, a little, a lot, much... (ex. : he runs daily / he runs a lot)

2 Les adverbes ont été entourés car placés au mauvais endroit. Tracez une flèche à partir des cercles bleus pour rediriger chacun à sa place dans la phrase

1. I go (rarely) to the cinema.

2. Do you go shopping (often)?

3. Have (ever) you been to Japan?

4. I didn't understand (well) the lesson.

5. They (daily) watch the news.

6. She has (always) a sandwich for lunch.

3 Mettez les éléments dans l'ordre, afin de former des phrases correctes

1. runs/work/regularly/he/after ➜ ....

2. to work/on foot/go/I/usually ➜ ....

3. the race/will/he/win/probably ➜ ....

4. much/she/tea/like/doesn't ➜ ....

5. soon/I/you/hope/to see/sincerely ➜ ....

6. should/perhaps/drive/more/you/carefully ➜ ....

4 Réécrivez les phrases en intégrant l'adverbe fourni entre parenthèses

1. I go on beach holidays **(ALWAYS)**

→ ....

2. Paul turned down the invitation **(POLITELY)**

→ ....

3. They go out **(OFTEN)**

→ ....

4. I don't think he will win. **(FRANKLY)**

→ ....

5. He is not wrong. **(ENTIRELY)**

→ ....

6. Do you go to the opera? **(SOMETIMES)**

→ ....

Les mots de liaison

- Les mots de liaison (ou connecteurs logiques) sont des mots qui servent à lier les phrases entre elles de manière logique. Un grand nombre d'entre eux sont des adverbes. Ils peuvent indiquer un lien de **but** (ex. : to, in order to, so as to), d'**hypothèse** (ex. : if, even if), de **cause** (ex. : because, as, because of, thanks to), de **conséquence** (ex. : so, therefore, as a consequence), de **concession** (ex. : even if, although, despite, in spite of, however, instead of, though, unless, as long as), d'**opposition** (ex. : yet, but, on the contrary, unlike, whereas, no longer, not any more), d'**accumulation** (ex. : and, moreover, too, as well, even, first of all, then, finally).
- **À noter : although** est suivi d'une proposition verbale (ex. : he is wrong, although he will not admit it), **despite** et **in spite of** sont suivis d'un nom (ex. : despite the price, I bought it / I bought it in spite of the price). **Yet** et **moreover** se placent souvent en début de proposition ou de phrase (ex. : He didn't want to come along. Yet, he did / He didn't feel like coming. Moreover he was tired).

5 Reliez chaque début de phrase à la fin qui lui correspond

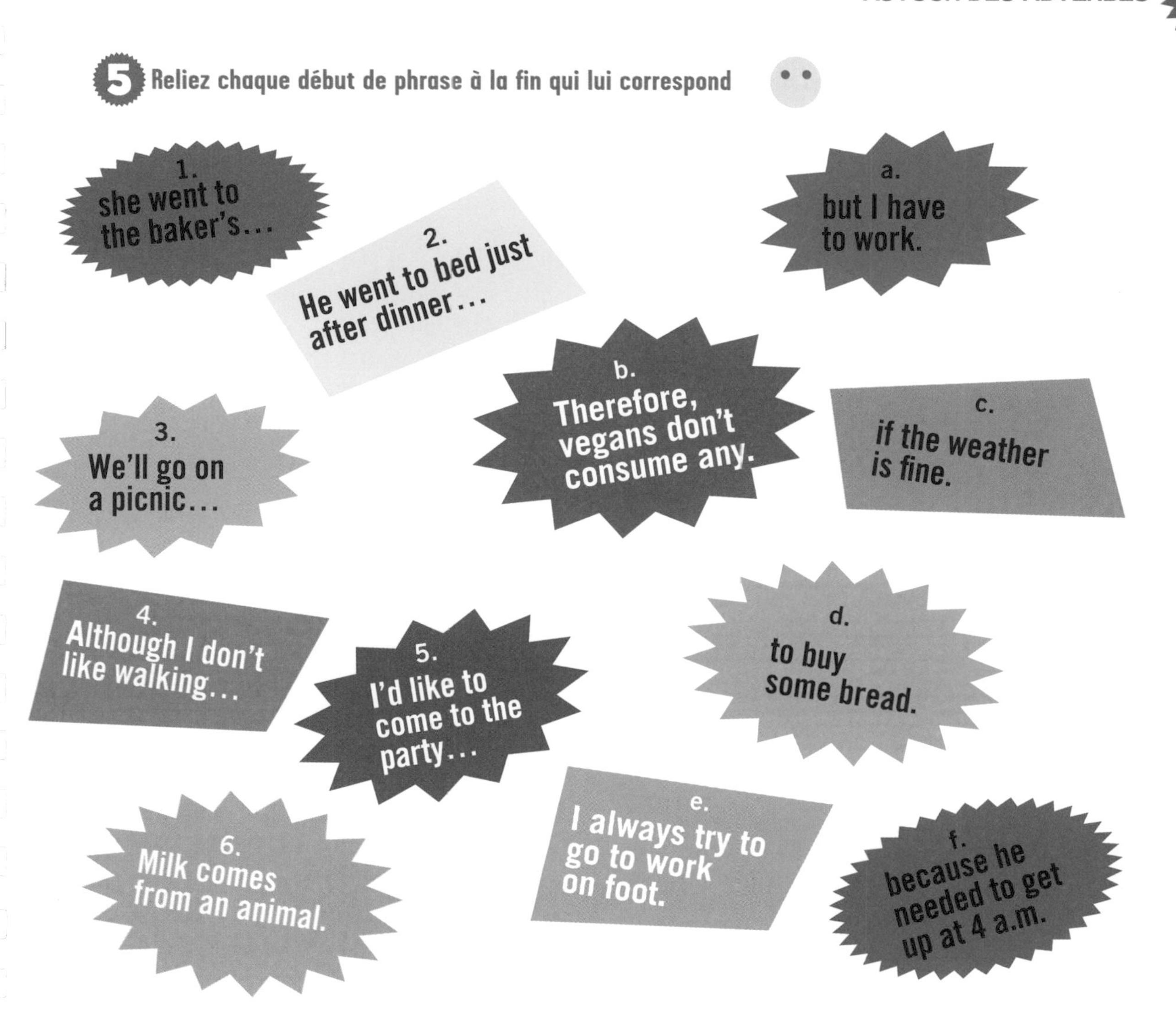

6 Entourez le bon lien logique parmi les propositions entre parenthèses

1. We had dinner and **(as well - secondly - then)** we went to see a movie.

2. I love science fiction films **(unlike - whereas - instead of)** you prefer dramas.

3. I'm not very good at maths, **(but - yet - so)** I can't help you.

4. The match was cancelled **(because - in spite of - because of)** the rain.

5. **(As long as - Unlike - Unless)** you hurry up, you'll miss your train!

 **Trouvez le bon lien logique (entourez la bonne réponse)** 

1. I will run the marathon … it rains.
a. though **b.** however **c.** despite **d.** even if

2. You can borrow my car … you drive carefully.
a. as long as **b.** unless **c.** even if **d.** though

3. I passed my exam … Lisa's help.
a. because **b.** despite **c.** thanks to **d.** in spite of

4. They failed their driving test. …, they cannot drive.
a. Because of **b.** As a consequence **c.** Yet **d.** So as to

5. … her brother, who loves meat, Jane is a vegetarian.
a. whereas **b.** unless **c.** unlike **d.** as well

8 Les cinq mots de liaison suivants ont été placés dans les mauvaises phrases, replacez les correctement

1. I **HOWEVER** smoke. I **SO** stopped last year.

2. She's studied psychology and criminology **FINALLY**.

3. I love this house, **NO LONGER**, I don't have enough money to buy it.

4. I phoned her but she wasn't home, **AS WELL** I left a message.

➜ ....

➜ ....

➜ ....

➜ ....

L'accent tonique

En anglais on entend certaines syllabes plus que d'autres. En effet, dans chaque mot, une syllabe porte ce qu'on appelle **l'accent « tonique »**. Dans les dictionnaires, il est signalé par une apostrophe avant la syllabe accentuée. Dans nos exemples, nous le signalons en plus en caractère gras, pour plus de clarté. En pratique, la syllabe accentuée est plus forte et plus longue, on l'entend plus clairement que les autres (ex. : dans le mot **fantastic**, on entend beaucoup plus **ta**, on notera ce mot fan'**tas**tic). L'accentuation a tendance à s'acquérir par imprégnation et par exposition régulière à la langue. Cependant, elle n'est pas totalement arbitraire et il existe certaines règles qui peuvent vous guider (voir plus loin).

Accentuation des mots de 2 syllabes : quelques règles

- **Les mots de 2 syllabes sans suffixe** sont généralement accentués sur la 1re syllabe (ex. : '**ta**ble, '**i**mage, '**doc**tor). Il existe cependant quelques exceptions (ex. : he'**llo**). Si la 1re syllabe est un préfixe, l'accent portera sur la deuxième (ex. : mis'**ta**ke, un'**ha**ppy, a'**way**, for'**give**). Il existe là aussi quelques exceptions (ex. : '**co**lleague, '**in**come). Si la dernière syllabe du mot contient **aa**, **ee**, **ese**, **ette**, **eer**, **oo**, **ade**, l'accent porte sur cette dernière syllabe (ex. : cru'**sade**, laun'**drette**, ba'**zaar**, ba'**lloon**, ve'**neer**).
- **À noter : les mots d'une syllabe** sont accentués, sauf si ce sont des auxiliaires, des prépositions ou des articles (ex. : the '**ca**t is on the '**cou**ch).

9 Un mot dans chaque ligne est accentué sur la 2e syllabe, lequel ?

1. image - people - July - children ➜ ....
2. angry - ago - money - mountain ➜ ....
3. promise - career - effort - killer ➜ ....
4. napkin - pepper - taboo - riddle ➜ ....
5. single - Chinese - toilet - verdict ➜ ....

10 Un mot dans chaque ligne est accentué sur la 1re syllabe, lequel ?

1. across - extreme - surprise - virus ➜ ....
2. asleep - today - cocoon - basket ➜ ....
3. trainee - insect - unfit - unreal ➜ ....
4. unfair - across - enough - apple ➜ ....
5. flavour - again - ago - baboon ➜ ....

Bravo, vous êtes venu à bout de ce chapitre ! Il est maintenant temps de comptabiliser les icônes et de reporter le résultat en page 128 pour l'évaluation finale.

Autour des prépositions

Autour des prépositions

- **Les verbes suivis d'une préposition**

Ils ne fonctionnent pas de la même façon que les verbes à particule (ou phrasal verbs), avec qui on les confond souvent, et que nous aborderons dans le chapitre suivant. La particule d'un phrasal verb fait partie du verbe et non de ce qui suit alors que **la préposition** dont s'accompagnent certains verbes **se combine avec le nom qui suit** et non avec le verbe qui précède. Ex. : dans la phrase "he gave up smoking", **up** fait partie intégrante du verbe et ne fait pas bloc avec smoking, il s'agit donc d'un phrasal verb, alors que dans la phrase "he lives in Paris", **in** fait bloc avec Paris, il s'agit donc d'un verbe suivi d'une préposition.

- **Les principales prépositions et leurs traductions**

– **at :** à, en, chez. Contrairement à **in**, il indique une position spatiale dans un lieu précis, circonscrit (ex. : I'll meet you at the station).

– **from :** de, à compter de, venant de. Indique une origine, une provenance ou un point de départ (ex. : he comes from Berlin) ou le début d'une borne temporelle (ex. : I'm on holidays from the 5th to the 20th).

– **on :** sur, dessus. Il exprime généralement l'idée de reposer sur une surface (ex. : the cat's on the table).

– **out :** traduit l'idée d'extérieur, d'extériorisation ou d'extraction (ex. : take the groceries out of the bag / to be out of town = être en déplacement).

– **to :** à, vers. Indique un mouvement vers, une destination, un but, une visée, une fin de borne temporelle/spatiale (ex. : I'm going to the cinema/ I work from Monday to Sunday / I drove from Paris to Nice).

I Remplissez les espaces en choisissant entre at, to, from, from... to, on, out

1. My keys were .... the table. Have you seen them?
2. Could you take the rubbish ....?
3. I saw James today .... the bus stop. He was going .... work.
4. I will be away .... the 10th .... the 21st.
5. She lives in London but she is .... Ireland.

Principales prépositions (suite)

- **across :** à travers, traversée d'une surface (ex. : he swam across the Channel)
- **around :** autour, aux alentours, ou idée de proximité vague (ex. : to look around / I just walked around → j'ai juste fait un tour)
- **by :** à côté de, au bord de (ex. : they walked by the river)
- **in :** à, au, dans. Indique l'idée d'intériorité. On l'utilise aussi pour situer un objet dans un lieu étendu, en opposition à **at** (ex. : my glasses are in a case / I live in Paris)
- **for :** pour, destiné à, de. On l'utilise pour donner une raison, mentionner un destinataire et dans des expressions exprimant une recherche (ex. : the reason for the delay is unknown / this present is for you / they are searching for oil in this area)
- **of :** de quelque chose → complément du nom ou complément d'objet direct (ex. : free of charge, to die of cancer, to have a good knowledge of English)
- **over :** au-dessus, par dessus (ex. : he stepped over the wall), idée de couverture d'une surface (ex. : I spread a comforter over the sofa)
- **through :** à travers, idée de traversée d'un volume (ex. : he threw the book through the window)

2 Entourez la bonne réponse parmi les propositions entre parenthèses

1. A dangerous criminal has escaped **(of - over - from)** prison.
2. I would love to live **(around - at - by)** the sea.
3. She has travelled all **(through - around - across)** the world.
4. I spilled wine all **(across - through - over)** the table.
5. "A way **(over - through - out)**" is a solution.
6. We can see everything **(through - across - around)** this curtain.
7. She was born **(at - in - from)** Dublin.

Différences de construction : anglais vs français

- Certains verbes sont intransitifs en français comme en anglais, c'est-à-dire qu'ils sont tous deux suivis d'une préposition, mais la préposition n'est pas forcément la même. Il faut alors apprendre la construction de ces verbes (ex. : participer **à** = to participate **in**).
- Certains verbes, qui sont suivis d'une préposition en français, ne le sont pas en anglais. En français, on dit par exemple **demander à quelqu'un**, alors qu'en anglais on dit **to ask Ø someone**. Fonctionnent de cette manière les verbes **fit**, **benefit**, **remedy**, **resemble**, **address**, **doubt**, **witness**, **forgive**, **need** entre autres (ex. : j'ai besoin d'argent = I need Ø money).
- Certains verbes ne sont pas suivis d'une préposition en français, mais le sont en anglais. Là encore, il faut apprendre la construction de ces verbes (ex. : approuver quelque chose = to approve **of** something, commenter quelque chose = to comment **on** something). Fonctionnent de cette manière les verbes **hope for**, **look at**, **remind of**, par exemple.

3 Choisissez entre of, in, Ø, for, on, to

1. The decision doesn't depend .... you.
2. He answered .... the questions the detective asked.
3. Don't wait .... me. I'm going to be late.
4. I listen .... the radio all day.
5. Do you believe .... God?
6. It's a miracle. She's survived .... the accident.
7. It smells good in here. It smells .... coffee.

4 Entourez la bonne préposition

1. Are you afraid ... spiders? **(at - of - on)**
2. I've never been very good ... maths. **(in - at - on)**
3. He's very interested ... photography. **(in - on - of)**
4. She is very different ... her sister. **(on - of - from)**
5. He is responsible ... the accident. **(on - of - for)**

À noter

- Les adjectifs et les noms sont également parfois suivis d'une préposition, qu'il faut apprendre en même temps que l'adjectif ou le nom lui-même.
- Il existe un certain nombre de locutions ou expressions courantes avec préposition à connaître (ex. : for example = par exemple).

5 Reliez chaque locution prépositionnelle à sa traduction

1. for instance • • a. par erreur
2. instead of • • b. au lieu de
3. by mistake • • c. par exemple
4. at least • • d. au contraire
5. on the contrary • • e. au moins

Le vocabulaire de la ville

Le mot **ville** peut se traduire **town** ou **city**. **Town** désigne une petite ou moyenne ville, le terme **city** est réservé aux grandes villes. Testez votre vocabulaire sur ce sujet en réalisant les exercices ci-dessous.

6 Reliez chaque lieu à la traduction qui lui correspond

1. post office • • a. la poste
2. town centre • • b. le commissariat
3. station • • c. l'hôtel de ville
4. town hall • • d. la gare
5. police station • • e. le centre-ville

7 Remettez les lettres dans l'ordre pour trouver la traduction des mots suivants

1. métro ➜ NDDERGROUUN ➜ ....
2. la circulation ➜ CITFAFR ➜ ....
3. un carrefour ➜ CROROADSSS ➜ ....
4. un parking ➜ ARC - ARPK ➜ ....
5. la banlieue ➜ BRUBUS ➜ ....
6. embouteillage ➜ AFFICTR - AJM ➜ ....

8 Placez chaque numéro dans les cases sous les dessins correspondants

1. zebra crossing **2.** turn right **3.** turn left **4.** traffic lights **5.** straight on

9 Reliez les prépositions, locutions prépositionnelles et adverbes de lieu à leur traduction

1. over •	• **a.** au milieu
2. among •	• **b.** proche de
3. in front of •	• **c.** au-dessus
4. around •	• **d.** entre
5. in the middle •	• **e.** sous
6. near/close to •	• **f.** derrière
7. next to •	• **g.** en face de
8. somewhere else •	• **h.** parmi
9. nowhere •	• **i.** au-dessus/par-dessus
10. between •	• **j.** nulle part
11. everywhere •	• **k.** autour
12. above •	• **l.** à côté
13. behind •	• **m.** ailleurs
14. under •	• **n.** partout

Accentuation des mots de 2 syllabes (suite)

Les mots de deux syllabes sont accentués sur la première pour les noms et adjectifs, mais sur la seconde pour les verbes (ex. : a **'con**test / to con**'test**). Il existe cependant des exceptions (ex. : to **'a**lter, to **'co**mment, to **'su**ffer, to **'su**pervise, to **'da**mage, to **'e**ducate, to **'o**ccupy, to **'pro**fit, entre autres). Par ailleurs, les verbes qui se terminent en **ow**, **en**, **y**, **er**, **le**, **ish** ont l'accent sur la première syllabe.

10 Sur chaque ligne, un seul verbe est accentué sur la 1re syllabe, lequel ?

1. to accept, to adopt, to agree, to answer → ....
2. to comfort, to combine, to complain, to conclude → ....
3. to decide, to differ, to define, to divorce → ....
4. to emerge, to employ, to enter, to escape → ....
5. to suggest, to suppose, to survive, to suffer → ....
6. to obey, to offend, to oppose, to offer → ....
7. to afford, to copy, to control, to debate → ....
8. to despair, to divide, to envy, to enjoy → ....
9. to open, to evade, to propose, to protect → ....
10. to possess, to support, to surprise, to publish → ....

11 Entourez l'intrus

1. to finish - to adapt - to collect
2. to deserve - to borrow - to dismiss
3. to worry - to oppose - to follow
4. to permit - to cover - to believe
5. to listen - to pretend - to avoid

12 Déclinez l'accentuation de chaque 2e phrase, comme dans l'exemple

Ex. : a '**per**mit / to per'**mit**

1. He made a '**pro**test / He likes to protest
2. He wants to ob'**je**ct / What is this object?
3. This produce is an '**im**port / We import from India
4. Teenagers like to re'**be**l / He is a rebel
5. The police re'**co**rd interviews / I collect records

Bravo, vous êtes venu à bout de ce chapitre ! Il est maintenant temps de comptabiliser les icônes et de reporter le résultat en page 128 pour l'évaluation finale.

Autour des verbes à particule (phrasal verbs)

Principe et fonctionnement

Contrairement à la préposition qui suit un verbe, **la particule d'un phrasal verb forme un tout avec le verbe**, elle ne peut en être séparée sans en changer le sens. La particule a fonction d'adverbe. L'ensemble verbe + particule signifie autre chose que l'addition du sens du verbe seul et de celui de la particule. La particule ne fait parfois que renforcer le sens du verbe (ex. : please slow down ➜ ici **down** renforce la notion de diminution, déjà contenue dans le verbe **to slow**) mais elle peut aussi changer complètement son sens, pour créer un sens idiomatique différent (ex. : he gave up smoking last year. ➜ sans **up**, le verbe **to give** signifie **donner** et non **abandonner** / I'll come up with a solution ➜ **come** seul signifie **venir**, mais **come up with** signifie **trouver**).

1 Les verbes soulignés suivants sont-ils des verbes à particule ou de simples verbes suivis d'une préposition ? Cochez la bonne case

1. We checked in at a 5 star hotel. ☐ V. à particule ☐ V. suivi de préposition

2. My phone is in the car. ☐ V. à particule ☐ V. suivi de préposition

3. The cat is sleeping on the couch. ☐ V. à particule ☐ V. suivi de préposition

4. Don't mind me. Carry on! ☐ V. à particule ☐ V. suivi de préposition

5. The sun is up. ☐ V. à particule ☐ V. suivi de préposition

6. We're getting late, hurry up! ☐ V. à particule ☐ V. suivi de préposition

7. He was brought up by his aunt. ☐ V. à particule ☐ V. suivi de préposition

8. Throw it out of the window! ☐ V. à particule ☐ V. suivi de préposition

9. "Watch out!" means "be careful!" ☐ V. à particule ☐ V. suivi de préposition

10. We had a try but it didn't work out. ☐ V. à particule ☐ V. suivi de préposition

11. The car went down the avenue. ☐ V. à particule ☐ V. suivi de préposition

12. You should cut back on cigarettes. ☐ V. à particule ☐ V. suivi de préposition

Sens des particules

Dans les phrasal verbs, le sens des particules est souvent plus abstrait que les prépositions. Les principales particules peuvent exprimer les notions suivantes :

- **away** : idée d'éloignement ou d'amenuisement (ex. : put things away = ranger / to walk away = s'éloigner)
- **back** : idée de retour ou de retenue (ex. : to pay back = rembourser / to hold back your tears = retenir ses larmes)
- **in** : idée d'achèvement, de complétude (ex. : to fill in a form = remplir un questionnaire)
- **off** : idée d'extinction, de départ, de coupure (ex. : switch off TV = éteindre la TV / to be off = partir / we were cut off during our phone conversation = on a été coupé)
- **on** : idée de continuation ou d'allumage (ex. : to sing on = continuer à chanter / to switch on the light = allumer la lumière)

2 Reliez les verbes à particule à leur synonyme

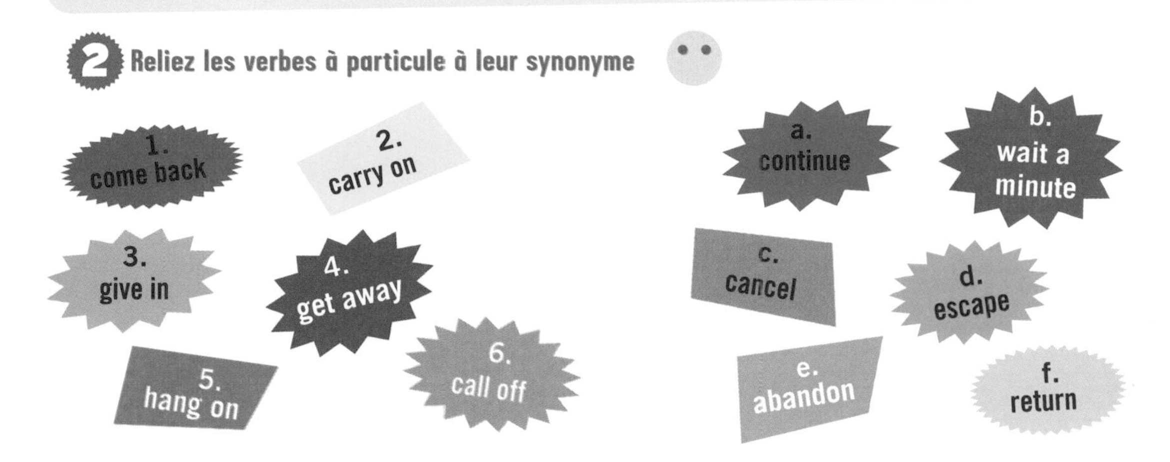

Sens des particules (suite)

- **out** : idée de clarification, d'explicitation (ex. : speak out = s'expliquer, parler clairement), de distribution (ex. : the sheets were handed out to the pupils), d'apparition soudaine (ex. : the war broke out) ou d'extinction progressive (ex. : my shoes are worn out = usées).
- **up** et **down** : ils ont un sens concret de mouvement vers le haut/bas (ex. : get up / sit down). Mais **up** est aussi associé à l'idée de complétude d'une action (ex. : to button up = mettre tous les boutons), d'augmentation, d'amélioration et d'optimisme (ex. : to cheer up = remonter le moral, prendre courage) et **down** à l'idée de diminution, de pessimisme ou de réduction (ex. : to play down = minimiser).

3 Placez les particules ci-contre au bon endroit pour que le verbe à particule composé avec look corresponde à la définition ou synonyme proposés

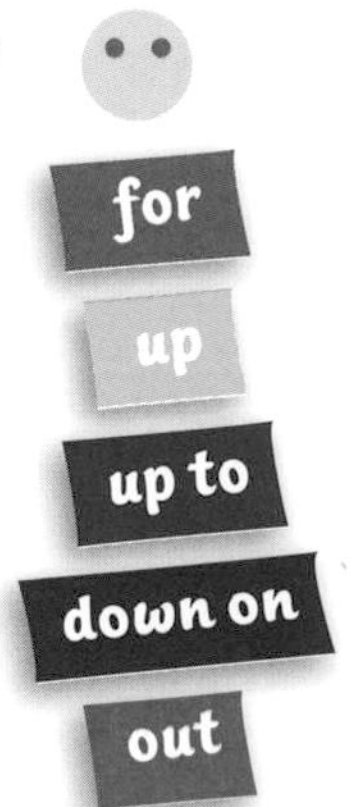

1. look something .... ➜ to search information in a book/database
2. look .... ➜ to consider inferior, to despise
3. look .... ➜ admire
4. look .... ➜ to try to find something
5. look .... ➜ be careful

4 Complétez les phrases en plaçant les phrasal verbs suivants au bon endroit

keep off — fall down — climb up — take off — make up — burst out

1. She .... crying when she heard he had died.
2. Don't .... trees, it's dangerous. You're going to ....
3. .... the lawn! It's forbidden to walk on it!
4. You should .... your cap when entering a religious building.
5. "I can't .... my mind" means "I can't decide".

5 Entourez la bonne traduction des phrasal verbs suivants

1. **to pick out** = to choose - to avoid
2. **to turn down** = to go to bed - to reject
3. **to pass away** = to leave - to die
4. **to find out** = to discover - to show
5. **to cut off** = to suppress - to flee
6. **to put up with** = to tolerate - to help
7. **to get on with** = to like - to accompany
8. **to blow up** = to explode - to whistle
9. **to cheer up** = to lift - to become happier
10. **to speak up** = to speak louder - to sing

Le vocabulaire de la nourriture

Comme le dit l'humoriste américain Jackie Mason, "England is the only country where food is more dangerous than sex". Il est certes possible de survivre dans un pays anglo-saxon en se nourrissant de curry (indien), de Fish and Chips et autres burgers. Si vous ne voulez pas prendre le risque de faire aveuglément confiance au serveur et de vous retrouver en tête-à-tête avec un morceau d'agneau nappé d'une sauce à la menthe ou avec un succulent haggis (panse de brebis farcie), votre meilleure protection restera de connaître un peu de vocabulaire !

6 Complétez les phrases en plaçant les mots au bon endroit

starter LUNCH rare
hungry tip main course
thirsty meals well done
dressing breakfast

1. You eat when you are .... and you drink when you are ....

2. There are generally three .... in a day : ...., ... and dinner.

3. Meat is eaten .... (not very cooked), medium, or .... (well cooked).

4. A menu is composed of a ...., a .... and a dessert. The sauce on a salad is called a ....

5. When you go to the restaurant and you are happy with the service, you can leave a ....

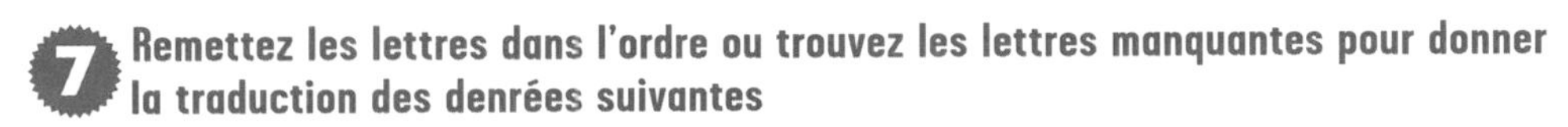

7 Remettez les lettres dans l'ordre ou trouvez les lettres manquantes pour donner la traduction des denrées suivantes

1. sel : **LTAS** → ....
2. pain → **B _ _ A _**
3. les pâtes → **P _ _ _ A**
4. poivre : **ERPEPP** → ....
5. le riz → **R _ C _**
6. l'agneau → **L _ _ B**
7. le jambon → **H _ _**
8. le bœuf → **B _ _ F**
9. crevette → **SH _ _ M _**
10. le lait → **M _ _ K**
11. le beurre → **B _ _ _ E _**
12. le café → **C _ F _ _ _**
13. l'eau → **W _ _ _ _**
14. le jus de fruit → **J _ _ C _**
15. le vin → **_ _ N _**
16. la bière → **B _ _ _**
17. moutarde : **DMSRATU** → ....

8 Que direz-vous pour trinquer ? Cochez la bonne réponse

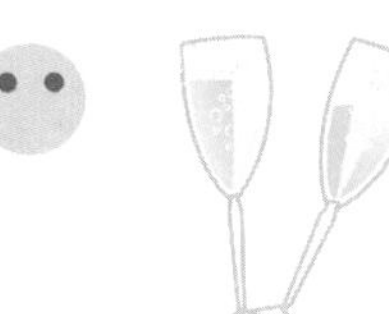

a. ☐ Cheese!   b. ☐ Jeeze!   c. ☐ Cheers!

9 Remplissez la grille suivante en vous aidant des traductions ci-dessous

Across
1. épinard
2. pomme
3. chou
4. tomate
5. laitue
6. prune
7. citron
8. cerise
9. poireau

Down
A. poivron
B. petits pois
C. poire
D. concombre
E. raisin

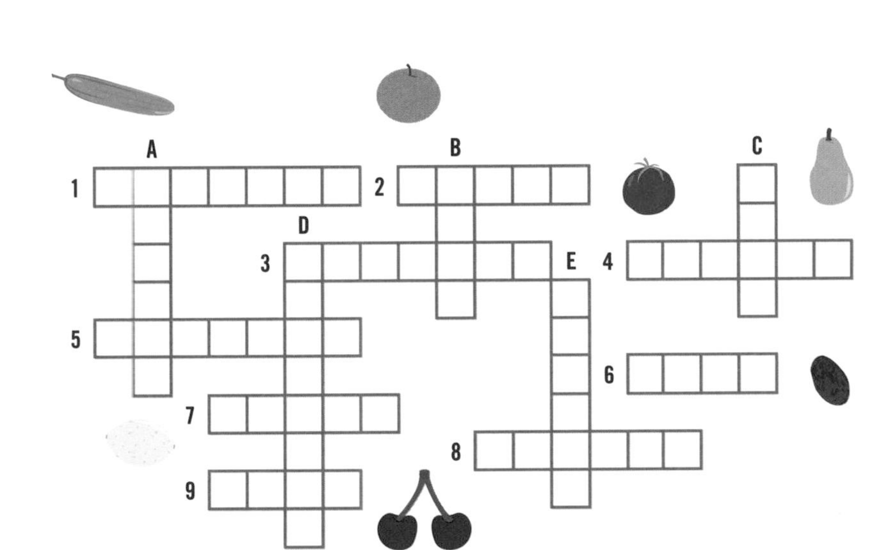

10 Barrez l'intrus

1. grapefruit - potato - cucumber - pepper
2. carrot - asparagus - bean - pineapple
3. apricot - raspberry - strawberry - lettuce
4. banana - artichoke - mango - orange

Accentuation des mots suffixés

L'accentuation des mots comportant les suffixes neutres **ist**, **ism**, **ish**, **ly**, **ed**, **ing**, **ment**, **ness**, **ful**, **man**, **able**, **ship** est la même que dans le mot de départ. L'ajout du suffixe ne change rien (ex. : **'ac**tive → **'ac**tivist / **'so**cial → **'so**cialism / **'in**terest → **'in**teresting).

11 Entourez les mots qui sont correctement accentués

1. gradu**'al**ly, trea**'sur**er, **'des**troyed
2. questio**'ning**, deve**'lop**ment, **'men**talist
3. **'ex**ploitable, in**'sul**ting, **'plea**santly
4. al**'co**holism, **'a**mazing, in**'ven**ted
5. dog**'ma**tism, beau**'ti**ful, **'part**nership

12 Soulignez la syllabe accentuée dans chacun des mots suivants

1. amazing - offered - unhappiness - teacher
2. certainly - humanism - fireman - readable
3. elegantly - wonderful - answering - relationship
4. cartoonist - changeable - anxiousness - worrying
5. carefully - naturalist - nourishment - numbered
6. happily - delighted - correctly - friendship
7. painter - contrasting - washable - fairness
8. interesting - meaningful - yellowish - happened

Bravo, vous êtes venu à bout de ce chapitre ! Il est maintenant temps de comptabiliser les icônes et de reporter le résultat en page 128 pour l'évaluation finale.

20
Autour du passif

Généralités

- **Formation :** sujet + **be** (conjugué au temps du verbe de la phrase active) + participe passé du verbe de la phrase active (ex. : the children broke the vase ➜ the vase was broken by the children)

– si l'agent est précisé, il est introduit par **by** (ex. : the telephone was invented by Alexander Graham Bell).

– le sujet de la phrase active devient le complément d'agent de la phrase passive et le complément d'objet direct de la phrase active devient sujet de la phrase passive (ex. : **phrase active :** a pickpocket stole my purse ➜ **phrase passive :** my purse was stolen by a pickpocket).

- **Utilisations communes avec le français :** quand on veut insister sur l'action et sur la personne qui subit et non sur l'auteur (ex. : this castle was built in the 12th century = ce château a été construit au XIIe siècle), en particulier quand l'identité de l'auteur n'est pas connue/importante ou au contraire tellement évidente qu'il n'y a pas lieu de la mentionner (ex. : he was assaulted ➜ il a été agressé, mais on ne sait pas par qui / he was arrested ➜ il a été arrêté, on suppose que c'est par la police).

1 Donnez le participe passé des verbes suivants

1. find ➜ ....
2. send ➜ ....
3. be ➜ ....
4. sing ➜ ....
5. cut ➜ ....
6. tell ➜ ....
7. forget ➜ ....
8. hit ➜ ....
9. cook ➜ ....
10. let ➜ ....
11. write ➜ ....
12. steal ➜ ....
13. think ➜ ....
14. lose ➜ ....
15. go ➜ ....

2 Mettez les phrases suivantes au passif

1. J.K. Rowling wrote *Harry Potter.*

➜ ....

2. Sam's father has designed this car.

➜ ....

Utilisations spécifiques à l'anglais

- Dans les phrases où le français utilise **on** ou **les gens** (ex. : on fait des muffins dans cette usine = muffins are made in this factory), en particulier avec les verbes de pensée, d'opinion et de parole comme **know**, **say**, **think**, **believe**, **suppose**, **know**, **consider**, **tell** (ex. : he is said to be rich = on dit qu'il est riche / I was told that she had died = on m'a dit qu'elle était morte).
- Avec les verbes à deux compléments comme **give**, **send**, **teach**, **ask**, **tell**, **show**, **offer**, **lend**. En français, on a une tournure impersonnelle avec on (ex. : on m'a donné un ordinateur = I was given a computer).

3 Reliez chaque élément de la colonne A à un élément de la colonne B, afin de reconstituer la traduction des phrases françaises suivantes

Phrases françaises	A
1. On ne peut pas lui faire confiance	He can't •
2. On lui a offert un portable	He was •
3. L'addition a été payée	The bill has •
4. On m'a demandé de faire un discours	I was asked •
5. Ici, on parle espagnol	Spanish is •

B
• given a mobile
• be trusted
• spoken here
• been paid (for)
• to deliver a speech

4 Détachez les mots au bon endroit

1. **weweregivenaroomwithaview** (on nous a donné une chambre avec vue)

➔ ....

2. **heissaidtobeaselfishman** (on dit de lui qu'il est égoïste)

➔ ....

3. **theproblemwillbedealtwithbythemechanic** (le problème sera résolu par le mécanicien)

➔ ....

Autres emplois à connaître

Pour traduire les **tournures impersonnelles** (ex. : ça ne se fait pas = it is not done), et les **tournures infinitives** comme : à voir, à faire, à contacter, etc. (ex. : ça reste à voir = it remains to be seen).

5 Remettez les mots dans l'ordre afin de traduire les phrases suivantes en anglais

1. On boit du thé partout dans le monde
   world/drunk/tea/over/is/all/the
   ➜ ....
2. Personnes à contacter en cas d'urgence
   people/case/to/be/an/of/emergency/contacted/in
   ➜ ....
3. On m'a dit que Peter était gravement malade
   ill/I/was/Peter/told/that/seriously/was
   ➜ ....
4. On lui a proposé un poste très intéressant au Japon
   job/offered/interesting/he/a/very/was/in/Japan
   ➜ ....

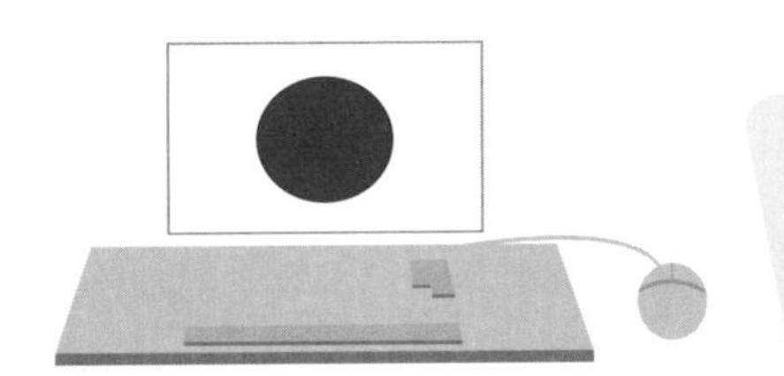

Cas des verbes à prépositions

Si le verbe de la phrase active possède une préposition, il ne faut pas l'oublier à la forme passive, en fin de phrase (ex. : the children laughed at the little girl ➜ she was laughed **at**).

6 Terminez les traductions suivantes en faisant attention à la préposition

1. On prendra soin des enfants ➜ the children will .... (prendre soin de = to take care of)
2. On chercha une solution ➜ a solution .... (chercher = to look for)
3. On a parlé de ce scandale pendant des années ➜ this scandal .... for years. (parler de = to talk about)

Les synonymes

Un synonyme est un mot de sens très voisin, "a word you use when you can't spell the word you first thought of", disait le musicien américain Burt Bacharach ! Il peut être utile de connaître les plus courants pour savoir rebondir en cas de trou de mémoire, pour accroître votre compréhension écrite et orale... ou pour faire les exercices du cahier Assimil !

7 Reliez chaque mot à son synonyme

1. cure •	• **a.** offense
2. rescue •	• **b.** accuse
3. crime •	• **c.** save
4. sickness •	• **d.** heal
5. blame •	• **e.** disease

8 Remettez les lettres dans l'ordre pour former le synonyme des mots suivants

1. agreement : **LADE**
→ ....

2. strange : **DOD**
→ ....

3. perhaps : **BMYAE**
→ ....

4. prepared : **EYDRA**
→ ....

5. close : **TUHS**
→ ....

6. capable : **EBAL**
→ ....

7. gift : **TNESPRE**
→ ....

8. absent : **SIMSGNI**
→ ....

9 Placez les mots suivants à côté de leur synonyme

glad – afraid – famous – exhausted – mistake – prison – huge – wonderful

1. popular
→ ....

2. very tired
→ ....

3. fantastic
→ ....

4. enormous
→ ....

5. error
→ ....

6. happy
→ ....

7. scared
→ ....

8. jail
→ ....

10 Chassez l'intrus

1. cute - lovely - sweet - selfish

2. stupid - clever - foolish - silly

3. shy - accurate - correct - right

4. regular - ordinary - unusual - common

11 Détachez les mots et trouvez l'intrus, comme dans l'exemple

Ex. : cleverbrightstupidintelligent → clever/bright/stupid/intelligent. L'intrus est : stupid

1. hugetinygiganticenormous - **L'intrus est :** ....

2. pleasedcrossdelightedglad - **L'intrus est :** ....

3. angryfuriouskindoutraged - **L'intrus est :** ....

Le vocabulaire autour de la maison

Il existe deux mots pour traduire **maison**. **House** désigne le bâtiment, la construction en elle-même alors que **home** désigne le chez-soi, le foyer. Pour le reste, c'est à vous de jouer !

12 Remettez les lettres dans l'ordre afin de former la traduction des mots suivants

1. fenêtre : **WODNIW**
➜ ....

2. mur : **LAWL**
➜ ....

3. porte : **OROD**
➜ ....

4. fauteuil : **AIRHCMRA**
➜ ....

5. cave : **LLECAR**
➜ ....

6. toit : **OFOR**
➜ ....

7. escaliers : **AIRSST**
➜ ....

8. armoire : **RDUPCOAB**
➜ ....

9. lit : **EDB**
➜ ....

10. chaise : **RAIHC**
➜ ....

11. canapé : **FAOS**
➜ ....

12. cuisine : **CHENTIK**
➜ ....

13. salle de bains : **OMRHTABO**
➜ ....

14. appartement : **TALF**
➜ ....

Accentuation des mots de 3 syllabes sans suffixe

Les mots de 3 syllabes sans suffixe sont en général accentués sur la première syllabe (ex. : '**di**fficult, '**ye**sterday), sauf s'il s'agit d'un préfixe ou si le mot vient du latin (ils sont alors accentués sur la deuxième, ex. : dis'**ho**nest, sa'**la**mi, py'**ja**mas). Il existe quelques exceptions.

13 Vrai ou faux ?

1. '**a**nimal ☐ VRAI ☐ FAUX
2. '**e**leven ☐ VRAI ☐ FAUX
3. '**um**brella ☐ VRAI ☐ FAUX
4. '**No**vember ☐ VRAI ☐ FAUX
5. '**to**lerant ☐ VRAI ☐ FAUX
6. '**cro**codile ☐ VRAI ☐ FAUX
7. un'**co**mmon ☐ VRAI ☐ FAUX

Accentuation des mots de 3 syllabes comportant des suffixes non neutres

Pour les mots se terminant en ic/ics : ils prennent l'accent sur l'avant-dernière syllabe (ex. : eco'**no**mics). Il existe cependant quelques exceptions (ex. : '**A**rabic, entre autres).

14 Soulignez la syllabe accentuée (quelques exceptions se sont glissées dans l'exercice...)

1. family, apricot, potato, remember, origin
2. genetics, allergic, company, automatic
3. consequence, hospital, scientific, vinegar
4. continent, cathedral, politics, Catholic, horizon

Accentuation des mots de 3 syllabes comportant des suffixes non neutres (suite)

Pour les mots comportant les suffixes : ial, ual, ian, iar, ial, ion, ious, sion, tion, ient, cious, tious, ible, ity, logy, graphy. L'accent est sur la syllabe qui précède le suffixe (ex. : fi'**nan**cial, indi'**vi**dual, ci'**vi**lian, con'**clu**sion, defi'**ni**tion, am'**bi**tious, in'**cre**dible, possi'**bi**lity, ge'**o**graphy, fa'**mi**liar). Les mots terminant par **ory/ary**, **ate**, **ize** sont accentués deux syllabes avant le préfixe, sur l'avant-avant-dernière syllabe (ex. : '**ne**cessary, cer'**ti**ficate, '**cri**ticize).

15 Vrai ou faux ? Barrez les occurrences fautives

1. famili'**a**rity
2. contri'**bu**tion
3. idea'**li**se
4. '**de**lirious
5. tech'**no**logical
6. re'**mar**kable

16 Soulignez la syllabe accentuée

1. biography, category, derogatory, communicate
2. delicious, impossible, psychology, necessary
3. ambitious, hilarious, technology, majority
4. analyse, communication, impatient, personality

Bravo, vous êtes venu à bout de ce chapitre ! Il est maintenant temps de comptabiliser les icônes et de reporter le résultat en page 128 pour l'évaluation finale.

1. Autour du présent

❶ **1.**c ; **2.**c ; **3.**b ; **4.**c ; **5.**b ; **6.**a ; **7.**b

❷ **1.** You **are always smoking** / You **know** I **hate** that! **2.** The film **begins** **3.** I usually **go** **4. I'm** not **giving** **5.** You**'re being**

❸ **1.** What **are** you **thinking** about? **2.** He **looks** like his mother **3.** I **need** to go to the doctor's **4.** What **do** you **think** of this book? **5.** the neighbours **have** a new car

❹ **1.** worries **2.** punishes **3.** finishes **4.** dresses **5.** destroys **6.** buys

❺ **1.** living **2.** keeping **3.** wearing **4.** playing **5.** picnicking **6.** admitting **7.** suffering **8.** drawing **9.** breaking

❻ **1.** good **2.** well **3.** good **4.** well **5.** good **6.** well/well **7.** good

❼ **1.** actually - at the moment **2.** to assume - to take/accept the consequences **3.** a cave - une grotte **4.** le hasard - luck **5.** to comfort - to reinforce **6.** actuellement - fluently **7.** to deceive - to disappoint

❽ **1.** As cool as a cucumber **2.** Pigs might fly

❾ **1.** [iz] ; **2.** [z] ; **3.** [z] ; **4.** [iz] ; **5.** [z] ; **6.** [iz] ; **7.** [iz] ; **8.** [s] ; **9.** [iz] ; **10.** [s]

❿ **1.** La désinence se prononce [z] dans tous les mots, **sauf dans eats** [s] **2.** La désinence se prononce [s] dans tous les mots, **sauf dans burns** [z] **3.** La désinence se prononce [z] dans tous les mots, **sauf dans recognizes** [iz] **4.** La désinence se prononce [z] dans tous les mots, **sauf dans counts** [s]

2. Autour du present perfect

❶ **1.** since - for **2.** for - since **3.** since - for **4.** for - since

❷ **1.**c ; **2.**a ; **3.**d ; **4.**b ; **5.**f ; **6.**e

❸ I have always love**d** Ireland. I **have lived** here since 2005. **I've been renting** a nice little flat in Dublin **for** 6 months. I have **found** an interesting job. **I've been working** here **for** three months (...) **I've been trying** to learn more about Irish cooking for a couple of months (...)

❹ **1. I have already done** it. **2.** He **has been smoking** **3.** I **have been** (...) **since** 2002 **4. Have** you ever **heard** of (...) ?

❺ **1.**a (notez cependant que "I am/I feel good" se généralise et qu'il est courant en anglais américain).

2.c ; **3.**b ; **4.**a et c ; **5.**a et b ; **6.**c

❻ **1.** much **2.** carefully **3.** difficulty **4.** hurt **5.** very **6.** good

❼ **1.** Le **i** se prononce [i] dans tous les mots sauf dans **decide**. **2.** Le **i** se prononce [aille] dans tous les mots sauf dans **differ**. **3.** Le **i** se prononce [aille] dans tous les mots sauf dans **children**. **4.** Le **i** se prononce [i] dans tous les mots sauf dans **drive**.

❽ **1.**b ; **2.**b ; **3.**a ; **4.**b

❾ **1.** try (le **y** se prononce [aille]) **2.** neighbour (le **ei** se prononce [eille]) **3.** hear **4.** heavy (le **y** se prononce [i], il se prononce [aille] dans les autres mots) **5.** justify (le **y** se prononce [aille], il se prononce [i] dans les autres mots) **6.** funny, crazy, money **7.** sweat (le **ea** se prononce [è] alors qu'il se prononce [i] dans les autres mots)

❿ **1.** great (le **ea** se prononce [eille]) **2.** asylum (le **y** se prononce [aille]) **3.** sign (le **i** se prononce [aille]) **4.** violence (le **i** se prononce [aille]) **5.** badge (se prononce comme en français) **6.** aucun, on l'entend partout !

3. Autour du prétérit

❶ **1.** Seul **know** est irrégulier **2.** seul **ask** est régulier **3.** seul **buy** est irrégulier **4.** seul **need** est régulier **5.** seul **walk** est régulier **6.** seul **wash** est régulier

❷ **talk** - régulier - talked / **meet** - irrégulier - met / **drink** - irrégulier - drank / **become** - irrégulier - became / **wear** - irrégulier - wore / **cry** - régulier - cried / **open** - régulier - opened / **compare** - régulier - compared / **let** - irrégulier - let

❸ **1.** left **2.** went **3.** fought **4.** stopped **5.** did not/didn't **6.** worked

❹ **1.** did not hear / was having (...) rang. **2.** were (...) doing / was watching **3.** were playing /started **4.** was doing (...) heard / was listening

❺ **1.** during **2.** for - since **3.** ago **4.** already **5.** ever **6.** yet

❻ **1.** rented (...) for - bought **2.** have broken **3.** have smoked since **4.** saw (...) ago

❼ tapped - closed - explained - followed - worried - robbed - lived - preferred - topped - created - believed - studied - chatted - picnicked

❽ **1.** take / have a break **2.** have lunch **3.** have a drink **4.** take a bath (US) / have a bath (anglais) **5.** take a holiday **6.** take a seat **7.** take/have a look **8.** have fun

❾ **1.** I was wrong, you were right **2.** Peter is 32 **3.** The children are afraid of the dog **4.** They are cold in the cottage **5.** I often have a headache

❿ **1.** easy **2.** freedom **3.** hard **4.** enough **5.** silly

⓫ **1.** [id] ; **2.** [t] ; **3.** [d] ; **4.** [d] ; **5.** [id]

⓬ **1.** deux **2.** deux **3.** une **4.** une **5.** deux **6.** deux **7.** trois **8.** deux **9.** deux **10.** une

⓭ **1.** Tous les **ed** se prononcent [d] sauf dans **fixed** [t] **2.** tous les **ed** se prononcent [id] sauf dans **explained** [d] **3.** tous les **ed** se prononcent [t] sauf dans **expected** [id] **4.** tous les **ed** se prononcent [d] sauf dans **included** [id]

4. Autour du futur

❶ **1.**d ; **2.**e ; **3.**a ; **4.**c ; **5.**b

❷ **1.**b ; **2.**b ; **3.**a ; **4.**c ; **5.**c

❸ **1. Shall I close** the window? **2. are getting** married **3.** the play **begins** **4. shall** we? **5. I'll go** out

❹ **1.** did - made **2.** do - make **3.** make - did **4.** do **5.** make

❺ **1.**c ; **2.**d ; **3.**e ; **4.**a ; **5.**f ; **6.**b

❻ Il fallait cocher (mots corrigés, ici) : a**dd**ress, a**bb**reviation, mi**rr**or, li**t**erature, coff**ee**, a**gg**ressive, ach**ie**ve, acro**ss**, begi**nn**ing, exa**m**ple, a**p**ricot, **ch**aracter, sho**ck**ing, syr**u**p, fina**ll**y, futur**e**, fu**n**ction, langu**a**ge, gu**a**rd, proje**c**t, r**h**ythm, develo**p**ment, Ir**e**land

❼ **1.** husband - wife **2.** daughter **3.** brother - sister **4.** uncle **5.** aunt **6.** mother-in-law **7.** nephew

❽ **1.** dress - suit - clothes - trousers - shirt - jacket - socks - skirt - sweater - coat **2.** purse - cap - hat - shoe - scarf - tie - handkerchief - glove - belt - umbrella

❾ **1.** seul le **i** de **children** se prononce [i] **2.** seul le **i** de **live** se prononce [i] **3.** seul le **i** de **spinach** se prononce [i] **4. eight**, car le **eigh** se prononce [eille] **5.**d

❿ **[i] court :** shit - fill - rid - bin - chip - sit - sick - ship - live - bitch - lick / **[i] long :** seek - beach - leek - seat - leave - sheep - read - feel - cheap - bean - sheet

⓫ **1.** hit **2.** lives **3.** sleep **4.** sick

⓬ **1.** seul le [i] de **lick** est court **2. mate** ne contient pas les sons [i]/[aille], il se prononce [meille - t] **3.** seul le [i] de **ill** est court ; de plus, il ne contient pas de h aspiré **4.** la première syllabe de **sailing** contient le son [eille] et non [i] **5.** seul le [i] de **still** est court

5. Autour des modaux

❶ **1.** must - should **2.** must **3.** would - could **4.** may - should **5.** can - can

❷ **1.** She said that she would do it **2.** I was not allowed to come **3.** Shouldn't you smoke less? **4.** Would you like to go out tonight? **5.** I will have to do the shopping

❸ **1.** I can arrive (...) **2.** I had to see (...) **3.** I may leave (...) **4.** Will I be allowed to call him? **5.** I must tell them

❹ **1.** thanks **2.** bother **3.** get **4.** see (...) later

❺ **1.** Congratulations! **2. How are** you? **3.** How do you do? **4.** Good luck! **5.** You're welcome / don't mention it / not at all

❻ **b** > **c** > **a** > **d**

❼ **1.**a ; **2.**c ; **3.**a et c ; **4.**c ; **5.**d ; **6.**c

❽ **1.** [eu] - [a] - [eu] **2.**a **3.** fashion (le **a** se prononce [a] nasal, comme dans cat, et non [è] ou [eille]) **4.** agony (le **a** se prononce [a]) **5.** final (le **a** se prononce [eu])

❾ **1. tune** (le **u** ne se prononce pas [a] fermé mais [iou]) **2. ruby** (le **u** ne se prononce pas [a] fermé mais [ou]) **3. fudge** (le **u** ne se prononce pas [ou] mais [a] fermé) **4. open** (le **o** se prononce [euo] alors qu'il se prononce [a] fermé dans les autres mots) **5. hood** (seul mot dans lequel on n'entend pas le son [a] fermé ; le **oo** se prononce [ou])

❿ destruction - luck - god - brother - colour - stuck - seduction - rough

⓫ **1.** gibbon **2.** sleigh **3.** getaway **4.** twig

⓬ germ - giant (notez que dans le mot spring, on n'entend pas vraiment le son [g] mais davantage un [n] nasal, entre le [n] et le [ng]).

⓭ weigh - though - sigh - borough

6. Autour des verbes : to, ing ou Ø ?

❶ **1.**b ; **2.**a ; **3.**a ; **4.**b

❷ **1.** Ø go **2.** to go **3.** to go **4.** Ø go

❸ **1.** swimming **2.** watching **3.** to see **4.** making **5.** laugh

❹ Les phrases suivantes étaient incorrectes (corrigées ici) : **1.** Cooking pasta is not as easy as it seems **3.** Why not stay for dinner? **4.** He spends most of his free time travelling **5.** I don't mind helping you **7.** Do you enjoy reading detective stories? **8.** Drinking too much tea or wine can stain your teeth **12.** He denied stealing the car

❺ **1.** move/to move **2.** to snow/snowing **3.** bark/barking **4.** to cycle/cycling

❻ **1.**a ; **2.**b ; **3.**b ; **4.**c ; **5.**c

❼ **Horizontalement : 1.** greengrocer **2.** hairdresser **3.** grocery **4.** store **5.** butcher **6.** fishmonger **7.** jeweller **8.** tobacconist **Verticalement : A.** supermarket **B.** florist **C.** petrol station **D.** laundrette **E.** deli **F.** newsagent **G.** baker **H.** chemist

❽ **1.** 's (to the baker's) **2.** 's (to the butcher's) **3.** supermarket - department store

❾ **1.** basket - carrier - trolley - customers - buy - labels - prices - check-out - cashier **2.** convenient - items - costs - delivered - order - send - refund

❿ **1. many** (le **a** se prononce [è]) **2. says** (se prononce comme le nombre français 16) **3. heritage** (le **a** se prononce [i]) **4. delicate** (le **a** se prononce [eu]) **5. marriage** (le **a** se prononce [i])

⓫ **1. head [è] :** breath - sweat - peasant - treasure - ahead - cleanse **2. great [eille] :** steak **3. heart [a] :** hearth **4. read [i] :** breathe - clean - bead **5. fear [ieu] :** idea - beard - year **6. wear [èeu] :** pear - swear - bear **7. autres** : create [kri - eille-te] + ocean [ocheun]

7. Autour de l'impératif, des ellipses et question tags

❶ **1.** Let us go to the restaurant! **2.** Let them be quiet! **3.** Let us not talk about that!

❷ **1.** Let's go on holiday together! **2.** Don't give me orders! **3.** Let them arrive on time! **4.** Let's not argue about silly things! **5.** Let him not smoke in the building!

❸ **1.**c ; **2.**a ; **3.**d ; **4.**b

❹ **1.** No, I didn't **2.** I hope so **3.** Yes, she does **4.** No, he isn't

❺ **1.** So am I **2.** So have I **3.** Neither did I **4.** So can I **5.** So did I

❻ **1.** will you / would you? **2.** does she? **3.** didn't he? **4.** shall we? **5.** does she?

❼ **1.** Germany **2.** Spain **3.** Japan **4.** Turkey **5.** Norway

❽ **1.**c ; **2.**a ; **3.**b ; **4.**a

❾ Wales (Pays de Galles), Ireland (Irlande), England (Angleterre), Scotland (Écosse)

❿ **1.**b et d ; **2.**c ; **3.**b et c ; **4.**a et c ; **5.**c

⓫ **1.** like **2.** as **3.** as **4.** like **5.** like

⓬ **1.** ship **2.** cheat **3.** cheap **4.** chop **5.** chew **6.** frite **7.** drap **8.** mouton **9.** boutique **10.** chaussure

8. Autour des noms

❶ **1.** mice **2.** teeth **3.** geese **4.** studios **5.** women **6.** leaves **7.** ladies **8.** wives **9.** men **10.** potatoes **11.** knives **12.** children **13.** wolves **14.** families **15.** sheep **16.** shelves

❷ Les phrases suivantes étaient incorrectes, les voici corrigées : **1.** I had **a piece of fruit** **2.** My **pants are** too large **3.** Her favourite class is econom**ics** **5.** The **toast is** delicious **7.** He showed **Ø** remarkable honesty **8.** I had **three pieces of chewing-gum** **11.** My **luggage is** heavy

❸ **1.**c ; **2.**e ; **3.**a ; **4.**b ; **5.**d

❹ **1.**c ; **2.**a

❺ **A/ 1.** hair **2.** forehead **3.** eye **4.** ear **5.** cheek **6.** nose **7.** mouth **8.** chin **9.** throat **10.** neck

B/ 1. head **2.** shoulder **3.** chest **4.** arm **5.** belly **6.**hand **7.** fingers **8.** knee **9.** leg **10.** foot

❻ nurse - cough - fever - cold - tablet - physician - sick - prescription - flu - health

❼ **1.**b ; **2.**c ; **3.**d ; **4.**b ; **5.**d

❽ **1.**a ; **2.**c ; **3.**a ; **4.**b ; **5.**a

❾ (anglais-américain) : autumn-**fall** ; lorry-**truck** ; **flat**-apartment ; biscuits-**cookies** ; underground-**subway** ; **holiday**-vacation ; taxi-**cab**

❿ **1.** store **2.** sweater **3.** soccer **4.** dumb **5.** angry

⓫ **1.**a ; **2.**c ; **3.**e ; **4.**b ; **5.**d

⓬ **1. wood** (le **oo** se prononce [ou]) **2. laugh** (le **au** se prononce [a]) **3. favour** (le **ou** se prononce [eu]) **4. flour** (ce mot se prononce comme flower !)

⓭ awful - sought - born - wolf

⓮ **1. hour** (le **ou** se prononce [aweu]) **2. bubble** (le **u** se prononce [a] fermé) **3. toe** (le **oe** se prononce [oeu], comme dans nose) **4. flood** (le **oo** se prononce [a] fermé)

⓯ rude - juice - soon - sue - drew

⓰ **1.** vrai **2.** faux (put rime avec fruit : la lettre **u** dans cut se prononce [a fermé] comme dans duck, et non [ou]) **3.** vrai **4.** vrai

9. Autour des articles

❶ **1.**a ; **2.** Ø ; **3.**a ; **4.** the ; **5.**a

❷ **1.** Ø ; **2.** Ø ; **3.** the ; **4.** the

❸ **1.** What **a** beautiful house **2.** has **a** fever / he cried all **Ø** night **3. Ø** Religion can be **4.** in room **Ø** 35 **5.** I love **Ø** milk chocolate

❹ **1.** the **2.** Ø **3.** Ø **4.** Ø - the **5.** Ø

❺ **1.**c ; **2.**a et d ; **3.**a

❻ **1.**e ; **2.**d ; **3.**a ; **4.**c ; **5.**b

❼ **1.** way **2.** fish **3.** tea **4.** camel **5.** bush

❽ **1.** red **2.** boys **3.** perfect **4.** pie

❾ **1.**a ; **2.**c ; **3.**b ; **4.**c ; **5.**b

❿ **1.**d ; **2.**e ; **3.**b ; **4.**c ; **5.**a

⓫ **1.** travel - train - plane - passport - ticket - airport - departure - luggage - check - flight **2.** hotel - travel agency - package - camping - sightseeing - museums - castles - monuments - rent - bike - foot - guide - map - postcards - guesthouse

⓬ **1. door** (le **oo** se prononce [o] et non [ou]) **2. blood** (le **oo** se prononce [a] fermé et non [ou]) **3. floor** (le **oo** se prononce [o] et non [ou])

⓭ **1. thousand [ao] :** account - south - announce **2. four [o] :** pour - your - course - brought **3. group [ou] :** soup - you - tourist **4. enough [a] fermé :** trouble - couple - country - courage - young **5. journey [eu] :** enormous - journal

⓮ **1.** vrai **2.** vrai **3.** faux (se prononce [o] long dans resource)

10. Autour des quantificateurs

❶ **1.** ~~any~~ : some **3.** ~~some~~ : any **6.** ~~some~~ : any **7.** ~~a little peanuts~~ : a few **9.** ~~too much~~ : too many **10.** ~~a lots of~~ : a lot of

❷ **1.** a little **2.** many **3.** some **4.** any

❸ **1.** enough **2.** a few **3.** all **4.** too much **5.** no

❹ **1.** We don't have **enough** time **2.** Would you like **another** beer? **3.** Don't believe **all** the things she says **4.** I like **both** cars

❺ **1.** either - or - both **2.** several - many **3.** the whole - half **4.** every **5.** plenty of

❻ **1. a.** thirty **b.** thirteen ; **2. a.** one hundred **b.** one thousand ; **3.**b ; **4.**d ; **5.**b ; **6.**b ; **7.**a (on ne met **pas de s** à thousand / hundred après un chiffre) ; **8.**a ; **9.**a

❼ **1.** the 1st , the first **2.** the 2nd, the second **3.** the 3rd, the third **4.** the 12th, the twelfth **5.** the 18th, the eighteenth

❽ **1.**b ; **2.**a ; **3.**d ; **4.**b ; **5.**b ; **6.**b

❾ **1.** half **2.** third **3.** quarter **4.** tenth **5.**b et c

❿ **1.** 1 - 060 - 890 - 7053 **2.** bluehairedjohn@gmail.com **3.** o two - double o - double two - nine six - o nine

4. C T boy, at hotmail dot com

⓫ **1.** once **2.** twice **3.** three times **4.** five times **5.** twenty times

⓬ **1. [ou] :** bull - full **2. [a] fermé :** luck - summer - sun - nut **3. [iou] :** universal - university - unique **4. [eu] :** bonus - virus **5. [eu] :** occur - urge - urban - figure **6. [youeu] :** immature - cure - jury - secure **7.** bury (se prononce comme berry !)

⓭ biscuit - build - buy - guess - guardian

11. Autour du comparatif et du superlatif

❶ **1.** more careful **2.** less spectacular than **3.** older than **4.** as serious as **5.** less dangerous

❷ **1.** bigger and bigger **2.** less and less motivated **3.** more and more tired **4.** better and better

❸ **1.** worst **2.** least successful **3.** richest **4.** most mysterious **5.** happiest

❹ **1.** He is the least ambitious man I know **2.** I wake up earlier and earlier **3.** This is the most dangerous snake in the world **4.** Sparkling wine is not as refined as champagne

❺ **1.** once in a blue moon **2.** as blind as a bat **3.** let the cat out of the bag **4.** six feet under

❻ **1.** funny **2.** proud **3.** handsome **4.** beautiful **5.** cheerful **6.** angry

❼ sorry - selfish - boring - lazy - generous

❽ **1.** shy **2.** lonely **3.** quiet **4.** kind **5.** rude **6.** talkative

❾ **1.**c ; **2.**b ; **3.**a ; **4.**c ; **5.**b ; **6.**c

❿ **1.** forgive **2.** wait **3.** need **4.** hope **5.** believe **6.** understand **7.** agree

⓫ **1.** trust **2.** wonder **3.** forget **4.** show

⓬ **1.** case **2.** desert **3.** measure

⓭ **1.** fatalism (le **s** se prononce [z] alors qu'il se prononce [s] dans les autres mots) ; **2.**a

⓮ **1.** to think - couler **2.** although **3.** with - avec **4.** (to) sing - chanter **5.** sick - malade **6.** both - patron **7.** fermeture

12. Autour des pronoms personnels et réfléchis

❶ **1.** we **2.** her **3.** her **4.** hers **5.** them **6.** your **7.** us **8.** it **9.** mine

❷ **1.** Ø **2.** Ø **3.** to get dressed **4.** feel **5.** relax **6.** Ø

❸ **1.** himself **2.** one another **3.** each other **4.** herself **5.** yourself

❹ **1.**d ; **2.**a ; **3.**e ; **4.**f ; **5.**c ; **6.**g ; **7.**b

❺ **Jours :** Monday - Tuesday - Wednesday - Thursday - Friday - Saturday - Sunday **Mois :** January - February - March - April - May - June - July - August - September - October - November - December

❻ **1.** on Monday **2.** on Mondays **3.** from - to et until **4.** on - of - in **5.**a

❼ **1.** in **2.** in **3.** on the 25 th of September **4.** on the 12th of March, in 2015

❽ **1.** am, puis pm ; **2.**d ; **3. a :** fourty-five past six (am) OU a quarter to seven (emploi beaucoup plus naturel) ; **b :** one o'clock (pm) ; **c :** half past eleven (pm) ; **d.**c ; **e.**b

❾ **H prononcé :** hospital, hit, hill, hero, hate, hilarious, hair, house, behind **H muet :** hour, honour, heir, honesty, Thailand, shepherd, thyme

❿ **1.** angry **2.** hungry **3.** wall **4.** ill **5.** arm - harm **6.** air - hair

13. Autour de l'expression de la possession et des noms composés

❶ **1.** Mr Jones's car **2.** the wife of the man we met yesterday **3.** the end of the film **4.** Helena's husband **5.** dog's ears **6.** the Johnsons' new house

❷ **Dérivés de box : 1.** breadbox **2.** money box **3.** icebox **4.** mail box **5.** toolbox **Dérivés de bag : 1.** schoolbag **2.** shopping bag **3.** sleeping bag **4.** handbag **5.** tea bag

❸ **1.** washing machine **2.** painkiller **3.** windbreaker **4.** floorcloth / floor-cloth **5.** toothpaste

❹ **1.** dishwasher **2.** butterfly **3.** lipstick **4.** seafood **5.** raincoat **6.** watermelon

❺ **1.** said **2.** tell **3.** say **4.** tell **5.** tell - said

❻ **1.** talk **2.** speak **3.** talked **4.** speak **5.** speak

❼ **1.**c ; **2.**e ; **3.**b ; **4.**f ; **5.**a ; **6.**d

❽ **1.** lamb - climb - plumber - comb - doubt - crumb **2.**a **3.** calf - almond - talk - half - calm - palm - walk - could - salmon **4.** listen - castle - soften - mortgage **5.** Ils commencent tous par le groupe de lettre **kn**, dans lequel le **k** ne se prononce pas

❾ **1.** la lettre **g** **2.** la lettre **e** dans **er** **3.** la lettre **p**

❿ ansⓦer - autumⓝ - faⓡm - douⓑt - iⓢland - leⓞpard - granⓓmother

14. Autour des pronoms relatifs et interrogatifs

❶ **1.** which **2.** when **3.** that **4.** who **5.** whose **6.** which ou that - what **7.** where

❷ **1.** how long **2.** how often **3.** when et how soon **4.** which **5.** who

❸ **1.** Whose laptop is this? **2.** When do you take your exam? **3.** Where did you go for the holidays?

4. Why are you not coming? **5.** How many children do they have? **6.** How far is the station from here? **7.** How much is this?

❹ **1.** to end **2.** cheap **3.** safe **4.** early **5.** full **6.** to fail **7.** last **8.** to remember **9.** friend

❺ **1.**e ; **2.**a ; **3.**g ; **4.**b ; **5.**d ; **6.**f ; **7.**c

❻ **1.** sad **2.** take **3.** old **4.** lend **5.** far **6.** bitter **7.** dirty **8.** hope **9.** win **10.** slim

❼ **1.** job **2.** company **3.** unemployed - factory **4.** earn - wages **5.** trade union **6.** retired

❽ **1.** policeman **2.** fireman **3.** postman **4.** salesman **5.** fisherman

❾ **1.** executive - cook - worker - lawyer - hairdresser - waiter **2.** mechanic - secretary - butcher - farmer - nurse - nanny - teacher - baker - vet - plumber

❿ **1.**b ; **2.**e ; **3.**d ; **4.**c ; **5.**a

⓫ ~~Deer~~ **Dear** / ~~weak~~ **week** / ~~bought~~ **boat** / ~~fare~~ **fair** / ~~road~~ **rode** / ~~board~~ **bored** / ~~meet~~ **meat** / ~~leak~~ **leek** / ~~pees~~ **peas** / ~~pairs~~ **pears**

⓬ **1.** a new ~~pear~~ **pair** of shoes **2.** a ~~leek~~ **leak** under my sink **3.** I need to ~~pea~~ **pee**! **4.** I can't ~~sea~~ **see** a thing **5.** I ~~boat~~ **bought** a new computer **6.** in the middle of the ~~rode~~ **road** **7.** We often ~~meat~~ **meet** **8.** I still feel very ~~week~~ **weak**

15. Autour des préfixes et suffixes

❶ **1.** unreal **2.** to disagree **3.** underestimated **4.** overconfident **5.** to mispronounce

❷ **1.** boring **2.** homeless **3.** sadness **4.** childhood **5.** slowly **6.** washable

❸ **1.** overconfident **2.** endless **3.** distrust **4.** happiness **5.** freedom

❹ **1.**e ; **2.**c ; **3.**d ; **4.**a ; **5.**b

❺ **1.** unpleasant / unpleasantly **2.** resourceful /resourcefulness **3.** successful / unsuccessful / unsuccessfully **4.** expected / unexpected / unexpectedly

❻ **1.**b ; **2.**a ; **3.**b ; **4.**b ; **5.**c ; **6.**b ; **7.**a

❼ **1.** away from keyboard - AFK **2.** laughing out loud - LOL **3.** talk to you later - TTYL **4.** be right back - BRB **5.** in my opinion - IMO

❽ **1.** watch **2.** see **3.** look **4.** watch **5.** look at

❾ **1.** piece **2.** waste **3.** scene **4.** stair **5.** full

❿ buy-bye ; thyme-time ; which-witch ; pool-pull ; war-wore ; knows-nose ; their-there ; cereal-serial ; wood-would ; collar-colour ; urn-earn ; flu-flew ; right-write ; jeans-genes ; missed-mist ; allowed-aloud ; wait-weight

16. Autour des adjectifs

❶ **1.** an ugly red plastic phone **2.** a horrible old blue cotton sweater **3.** a nice tall German lady **4.** an exciting long Canadian novel

❷ **1.**a ; **2.**a ; **3.**b et c ; **4.**b, c et d ; **5.**a, b et d

❸ Il fallait corriger : ~~a passionate man about cars~~ **a man passionate about cars** / ~~ancients cars~~ **ancient cars** / ~~racing, orange, new, wonderful car~~ **wonderful, new, orange, racing car** / ~~italian car~~ **Italian car** / ~~available colour~~ **colour available** / ~~spanish~~ **Spanish** / ~~catholic~~ **Catholic** / ~~a driver fast~~ **a fast driver**. Notez que l'on peut dire "a sport car" ou "a sports car", il n'y avait donc pas d'erreur ici !

❹ **1.**a ; **2.**b ; **3.**c ; **4.**b ; **5.**a

❺ **1.**d ; **2.**e ; **3.**c ; **4.**b ; **5.**a

❻ **1.**c ; **2.**a ; **3.**d ; **4.**b ; **5.**e

❼ **1.** homemade **2.** green-eyed **3.** sweet-smelling **4.** fourteen-year-old

❽ **1.** **été**-summer ; hiver-**winter** ; ciel-**sky** ; lune-**moon** ; **étoile**-star ; **mer**-sea **2.** vague-**wave** ; plage-**beach** ; campagne-**country** ; herbe-**grass** ; **île**-island ; lac-**lake** **3.** **feuille**-leaf ; montagne-**mountain** ; arbre-**tree** ; fleur-**flower** ; **bois**-wood ; **printemps**-spring

❾ **1.** weather **2.** rain **3.** cloud **4.** sun **5.** snow **6.** wind **7.** fog **8.** hot **9.** cold

❿ **1.**b ; **2.**b ; **3.**a ; **4.**a et b

⓫ **1.** dog **2.** cat **3.** horse **4.** donkey **5.** rabbit **6.** sheep **7.** pig **8.** cow **9.** goat **10.** duck **11.** monkey **12.** mouse **13.** bird **14.** fish

⓬ **1.** seat et eat **2.** wet - I'm covered in sweat / How sweet of you! **3.** about **4.** foot - Don't shout like that! / I have never tried shooting a gun **5.** heard **6.** feared - Peter has grown a beard / The children wanted a bird **7.** dear **8.** swear - Winnie the Pooh is a cartoon bear / Guinness is a brand of beer

⓭ **1.** aunt **2.** officer **3.** was **4.** dough et Doug **5.** virus **6.** le nombre français 16 **7.** bed **8.** les trois !

17. Autour des adverbes

❶ **1.** lovely **2.** silly **3.** friendly **4.** lively **5.** lonely **6.** needy **7.** costly **8.** cowardly

❷ **1.** I rarely go to the cinema **2.** Do you often go shopping? **3.** Have you ever been to Japan? **4.** I didn't understand the lesson well **5.** They watch the news daily **6.** She always has a sandwich for lunch

❸ **1.** He regularly runs after work **2.** I usually go to work on foot **3.** He will probably win the race **4.** She doesn't like tea much **5.** I sincerely hope to see you soon **6.** Perhaps you should drive more carefully

❹ **1.** I always go on beach holidays **2.** Paul politely turned down the invitation **3.** They often go out **4.** Frankly, I don't think he will win **5.** He is not entirely wrong **6.** Do you sometimes go to the opera?

❺ **1.**d ; **2.**f ; **3.**c ; **4.**e ; **5.**a ; **6.**b

❻ **1.** then **2.** whereas **3.** so **4.** because of **5.** Unless

❼ **1.**d ; **2.**a ; **3.**c ; **4.**b ; **5.**c

❽ **1.** I **no longer** smoke. I **finally** stopped last year. **2.** She's studied psychology and criminology **as well** **3.** I love this house**, however,** I don't have enough money to buy it. **4.** I phoned her but she wasn't home, **so** I left a message.

❾ **1.** July **2.** ago **3.** career **4.** taboo **5.** Chinese

❿ **1.** virus **2.** basket **3.** insect **4.** apple **5.** flavour

18. Autour des prépositions

❶ **1.** on ; **2.** out ; **3.** at - to ; **4.** from ... to ; **5.** from

❷ **1.** from **2.** by **3.** around **4.** over **5.** out **6.** through **7.** in

❸ **1.** on **2.** Ø **3.** for **4.** to **5.** in **6.** Ø **7.** of

❹ **1.** of **2.** at **3.** in **4.** from **5.** for

❺ **1.**c ; **2.**b ; **3.**a ; **4.**e ; **5.**d

❻ **1.**a ; **2.**e ; **3.**d ; **4.**c ; **5.**b

❼ **1.** underground **2.** traffic **3.** crossroads **4.** car-park **5.** suburb **6.** traffic jam

❽ 2 - 4 - 5 - 1 - 3

❾ **1.**i ; **2.**h ; **3.**g ; **4.**k ; **5.**a ; **6.**b ; **7.**l ; **8.**m ; **9.**j ; **10.**d ; **11.**n ; **12.**c ; **13.**f ; **14.**e

❿ **1.** to answer **2.** to comfort **3.** to differ **4.** to enter **5.** to suffer **6.** to offer **7.** to copy **8.** to envy **9.** to open **10.** to publish

⓫ **1.** to finish (seul accentué sur la 1re syllabe : **'fi**nish) **2.** to borrow (seul accentué sur la 1re syllabe : **'bor**row) **3.** to oppose (seul accentué sur la 2e syllabe : o**'ppose**) **4.** to cover (seul accentué sur la 1re syllabe : **'co**ver) **5.** to listen (seul accentué sur la 1re syllabe : **'lis**ten)

⓬ **1.** He likes to pro**'te**st **2.** What is this **'o**bject ? **3.** We im**'po**rt from India **4.** He is a **'re**bel **5.** I collect **'re**cords

19. Autour des verbes à particule (phrasal verbs)

❶ Phrases avec verbe à préposition : 2-3-5-8-11. Phrases avec verbe à particule : 1-4-6-7-9-10-12

❷ **1.**f ; **2.**a ; **3.**e ; **4.**d ; **5.**b ; **6.**c

❸ **1.** up **2.** down on **3.** up to **4.** for **5.** out

❹ **1.** burst out **2.** climb up - fall down **3.** keep off **4.** take off **5.** make up

❺ **1.** to choose **2.** to reject **3.** to die **4.** to discover **5.** to suppress **6.** to tolerate **7.** to like **8.** to explode **9.** to become happier **10.** to speak louder

❻ **1.** hungry - thirsty **2.** meals - breakfast - lunch **3.** rare - well-done **4.** starter - main-course - dressing **5.** tip

❼ **1.** salt **2.** bread **3.** pasta **4.** pepper **5.** rice **6.** lamb **7.** ham **8.** beef **9.** shrimp **10.** milk **11.** butter **12.** coffee **13.** water **14.** juice **15.** wine **16.** beer **17.** mustard

❽ Réponse c.

❾ **1.** spinach **2.** apple **3.** cabbage **4.** tomato **5.** lettuce **6.** plum **7.** lemon **8.** cherry **9.** leek / **A.** pepper **B.** peas **C.** pear **D.** cucumber **E.** grapes

❿ **1.** grapefruit (pamplemousse, seul fruit parmi les légumes) **2.** pineapple (ananas, seul fruit parmi les légumes) **3.** lettuce (salade, seul légume parmi les fruits) **4.** artichoke (artichaut, seul légume parmi les fruits)

⓫ Mots correctement accentués :**1.** aucun ! **2.** mentalist **3.** insulting, pleasantly **4.** invented **5.** partnership

⓬ **1.** a**ma**zing, **o**ffered, un**ha**ppiness, **tea**cher **2.** **cer**tainly, **hu**manism, **fi**reman, **rea**dable **3.** **e**legantly, **won**derful, **ans**wering, re**la**tionship **4.** car**too**nist, **chan**geable, **an**xiousness, **wo**rrying **5.** **care**fully, **na**turalist, **nou**rishment, **num**bered **6.** **ha**ppily, de**ligh**ted, co**rrect**ly, **friend**ship **7.** **pain**ter, con**tras**ting, **wash**able, **fair**ness **8.** **in**teresting, **mea**ningful, **ye**llowish, **ha**ppened

20. Autour du passif

❶ **1.** found **2.** sent **3.** been **4.** sung **5.** cut **6.** told **7.** forgotten **8.** hit **9.** cooked **10.** let **11.** written **12.** stolen **13.** thought **14.** lost **15.** gone

❷ **1.** *Harry Potter* was written by J.K. Rowling **2.** This car has been designed by Sam's father

❸ **1.** He can't be trusted **2.** He was given a mobile **3.** The bill has been paid (for) **4.** I was asked to deliver a speech **5.** Spanish is spoken here

❹ **1.** we were given a room with a view **2.** he is said to be a selfish man **3.** the problem will be dealt with by the mechanic

❺ **1.** tea is drunk all over the world **2.** people to be contacted in case of an emergency **3.** I was told that Peter was seriously ill **4.** he was offered a very interesting job in Japan

❻ **1.** the children will be taken care of **2.** a solution was looked for **3.** this scandal was talked about for years

❼ **1.**d ; **2.**c ; **3.**a ; **4.**e ; **5.**b

❽ **1.** deal **2.** odd **3.** maybe **4.** ready **5.** shut **6.** able **7.** present **8.** missing

❾ **1.** famous **2.** exhausted **3.** wonderful **4.** huge **5.** mistake **6.** glad **7.** afraid **8.** prison

❿ **1.** selfish **2.** clever **3.** shy **4.** unusual

⓫ **1.** tiny **2.** cross **3.** kind

⓬ **1.** window **2.** wall **3.** door **4.** armchair **5.** cellar **6.** roof **7.** stairs **8.** cupboard **9.** bed **10.** chair **11.** sofa **12.** kitchen **13.** bathroom **14.** flat

⓭ **1.** vrai **2.** faux (e**'le**ven) **3.** faux (um**'bre**lla) **4.** faux (No**'vem**ber) **5.** vrai **6.** vrai **7.** vrai

⓮ **1.** **'fa**mily, **'a**pricot, po**'ta**to, re**'mem**ber, **'o**rigin
2. ge**'ne**tics, a**'ller**gic, **'com**pany, auto**'ma**tic
3. **'con**sequence, **'hos**pital, scien**'ti**fic, **'vi**negar
4. **'con**tinent, ca**'the**dral, **'po**litics, **'Ca**tholic, ho**'ri**zon

⓯ Voici les occurences fautives, corrigées : **3.** (i'**dea**lise), **4.** (de'**li**rious), **5.** (techno'**lo**gical)

⓰ **1.** bi**'o**graphy, **'ca**tegory, de**'ro**gatory, co**'mmu**nicate **2.** de**'li**cious, im**'po**ssible, psy**'cho**logy, **'ne**cessary **3.** am**'bi**tious, hi**'la**rious, tech**'no**logy, ma**'jo**rity **4.** **'a**nalyse, communi**'ca**tion, im**'pa**tient, perso**'na**lity

Bravo, vous êtes venu à bout de ce cahier ! Il est temps à présent de faire le point sur vos compétences et de comptabiliser les icônes afin de procéder à l'évaluation finale. Reportez le sous-total de chaque chapitre dans les cases ci-dessous puis additionnez-les afin d'obtenir le nombre final d'icônes dans chaque couleur. Puis découvrez vos résultats !

Chapitre	🙂	😐	☹
1. Autour du présent			
2. Autour du present perfect			
3. Autour du prétérit			
4. Autour du futur			
5. Autour des modaux			
6. Autour des verbes : to, ing ou Ø ?			
7. Autour de l'impératif, des ellipses et question tags			
8. Autour des noms			
9. Autour des articles			
10. Autour des quantificateurs			
11. Autour du comparatif et du superlatif			
12. Autour des pronoms personnels et réfléchis			
13. Autour de l'expression de la possession et des noms composés			
14. Autour des pronoms relatifs et interrogatifs			
15. Autour des préfixes et suffixes			
16. Autour des adjectifs			
17. Autour des adverbes			
18. Autour des prépositions			
19. Autour des verbes à particule			
20. Autour du passif			

	🙂	😐	☹
Total, tous chapitres confondus			

Vous avez obtenu une majorité de...

Congratulations! Vous maîtrisez maintenant les bases de l'anglais, vous êtes fin prêt pour passer au niveau 3 !

Not bad at all! Mais vous pouvez encore progresser… Refaites les exercices qui vous ont donné du fil à retordre en jetant un coup d'œil aux leçons !

Try again! Vous êtes un peu rouillé… Reprenez l'ensemble de l'ouvrage en relisant bien les leçons avant de refaire les exercices.

Crédits : Illustrations / © MS.

Création et réalisation : MediaSarbacane

N° d'édition : 4310 - décembre 2023
ISBN : 978-2-7005-0577-1
www.assimil.com
Imprimé en Roumanie par Master Print.